다 알지만 잘 모르는 11가지 한글 이야기

이 책은 환경보호를
위해 재생종이를
사용하여 제작하였으며
한국간행물윤리위원회가
인증하는 녹색출판
마크를 사용하였습니다.

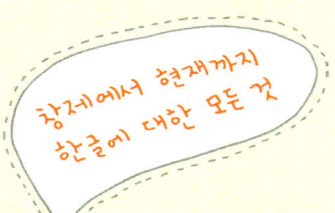
창제에서 현재까지
한글에 대한 모든 것

다 알지만 잘 모르는

11가지 한글 이야기

원저 최경봉·시정곤·박영준 | 글 배유안 | 그림 정우열

책과함께어린이

정말 한글을 알고 있나요?

여러분은 언제 한글과 만나게 되었나요? 읽고 쓰게 된 것은 또 언제이고요? 우리 아들은 어렸을 때 "너는 몇 살 때 글자를 배웠니?" 하고 물으니까 "나는 원래부터 알았어요." 이렇게 대답했지요. 여러분도 처음부터 한글을 알고 있었던 것 같지 않나요?

　나는 날마다 읽고 쓰는 한글이 항상 가까이 있어서, 쓰고 있다는 의식조차 하지 못할 때가 많았어요. 그런데 언제부터인가 한글이 특별하게 다가왔어요.
　우연히 한국에 와 있는 외국인 노동자들에게 한글을 가르치게 되면서부터였죠. 한글의 구조, 원리, 발음에 대한 관심이 커졌어요. 특히 한 일본인에게 5년 가까이 한국어와 한글을 가르치면서부터는 한글에 대한 자부심까지 느끼게 되었어요. 한글은 일본 글자와 달리 자음과 모음을 이리저리 연결하여 온갖 소리를 만들 수 있잖아요. 일본인들은 그걸 굉장히 신기해하고 감탄했어요. 게다가 먼저 배워 글자를 읽고 쓸 수 있는 일본인이 새로 한국에 온 동료에게 "이거 되게 쉬워." 하면서 신 나게 설명해 주는 걸 보고, 한글이 정말 간단하면서도 체계적이라는 걸 깨달았어요. 외국인 덕에 우리글의 뛰어남을 깨닫다니, 좀 웃기는 일이죠?

그렇게 한글이 나에게로 온 덕분에 장편 동화 《초정리 편지》를 쓰게 되었어요. 그런데 책을 내고 보니 거기에서 끝이 아니었죠. 독자들을 만나 강의를 하면서 초등학생, 중학생은 물론 교사, 학부모들까지 한글에 대해 잘 모른다는 것을 알고 깜짝 놀랐어요. 예전 국어 교사였을 때 나의 한글 상식도 그 정도밖에 안 되었다는 것도 알게 되었고요.

이 책은 그래서 준비한 거예요. 어렵거나 전문적인 내용이 아닌 한글에 대한 지극히 상식적인 지식 그리고 오늘의 한글이 있기까지 험난했던 역사를 독자들과 이야기해 보고 싶었어요.

한글을 만들 당시의 상황은 우리가 알고 있는 것보다 훨씬 힘들고 기막혔어요. 게다가 글자를 완성했다고 해서 그 힘든 과정이 다 끝난 것도 아니었어요. 반대를 무릅쓰고 널리 알리는 과정에서 많은 우여곡절을 겪었지요. 무시도 당했고, 없어질 뻔한 위기도 넘겼답니다.

그렇게 오늘에 이른 한글은 우리가 알고 있는 것보다 훨씬 대단한 글자예요. 한글이 만들어진 500여 년 전보다 현재 더 빛을 발하고 있잖아요. 이 책을 쓸 때 마침 인도네시아의 찌아찌아족이 한글을 공식 문자로 채택하고 이어서 인도네시아 정부가 승인했다는 소식이 있었어요. 앞으로 한글은 지구촌 곳곳에 더 많이 알려질 거예요.

지구촌 시대를 살아갈 여러분들이 한글을 그저 쓰기만 할 게 아니라 '한글에 대해서'도 조금 더 알게 되었으면 해요. 세계에서 가장 독특하고 뛰어난 우리 글자에 대해 외국 친구들이 물어보면 자신 있게 대답할 정도는 되어야지요. 알면 알수록 그만큼 고마워하며 아끼고 또 자랑스러워하리라 믿어요.

2010년 여름, 배유안

차례

한나절에 깨우친 한글

처음 수출한 한글
10

한글은 누가 만들었을까?

한글 외에 창제자가 밝혀진 문자가 또 있을까?
18

세종 대왕은 어떤 사람?

한글이 과거 시험 필수 과목이었다고?
32

한글 완성! 그런데 무슨 일이?

한글을 입고 태어난 책들
44

한글을 만든 원리

사라진 옛 글자
56

한글은 모아쓰기 글자

한글 글자꼴의 변화
68

한글, 실제로 어떻게 얼마나 쓰였을까?

마음을 담은 한글 편지
80

백성들은 한글을 어떻게 배웠을까?

한글의 이름은 원래 '한글'이었을까?
92

한글, 날개를 달다

외국인이 본 한글과 우리나라
102

한글 살아남기

한글날 이야기
114

한글, 세계 속으로

모든 언어를 표기하는 국제정음기호
126

배유안 선생님의 한글 특강
140

일 러 두 기

1. 이 책은 《한글에 대해 알아야 할 모든 것》(최경봉·시정곤·박영준 공저, 책과함께, 2008)을 원저로 하여 어린이 책으로 다시 썼습니다.
2. 이 책의 이야기는 배유안 선생님이 실제 일본 사람에게 한글을 가르친 경험을 바탕으로 새롭게 구성한 것입니다. 실제로는 어른을 가르쳤으며, 이 책에서는 주인공을 어린이로 바꾸었습니다.
3. 맞춤법과 띄어쓰기는 국립국어원의 〈표준국어대사전〉을 따랐습니다.

한나절에 깨우친 한글

"이모, 오늘부터 제가 한글 가르쳐 주기로 한 일본 친구들이에요."

"안녕하세요?"

"어서 오너라. 신스케는 한국에 온 지 3년이나 됐다며?"

"네, 마키코는 일주일 전에 왔고요."

신스케가 쭈뼛거리는 마키코를 소파 쪽으로 이끌었다.

"이모는 2주일 동안 우리 집에 계실 거야. 엄마 아빠가 일이 있어 외국에 나가셨거든."

수진이가 옆에 앉은 이모 팔짱을 끼며 말했다.

"이거…… 초존리푠지."

신스케는 소파에 앉자마자 탁자 위에 있는 책 제목을 읽었다.

"발음이 조금 틀렸어. 초 정 리 편 지."

수진이가 발음을 고쳐 주었다.

"초 존 리 폰 지."

"아니야. 정, 편."

"정, 편."

"맞았어. 그럼 다시 해 봐. 초정리편지."

"초존리폰지."

수진이가 고개를 절레절레 흔들자 이모가 빙긋 웃었다.

"일본은 ㄴ, ㅁ, ㅇ을 같은 글자로 쓰니까 발음 구별을 잘 못해. 한국말 아주 잘하는 일본 사람도 ㅇ받침 발음하는 걸 들어 보면 일본 사람인 게 금방 표가 나. 신스케, 일본 사람한테는 ㅓ, ㅕ 발음도 ㅗ, ㅛ 와 똑같이 들리지?"

"예, '용준' 하고 '영준' 하고 구별하기 어려워요. 그런데 초정리편지가 뭐예요?"

수진이가 냉큼 대답했다.

"우리 이모가 쓴 책이야. 세종 대왕과 훈민정음 이야기지."

"정말이에요?"

책을 뒤적이던 신스케가 눈을 반짝했다.

"그래, 한국어 실력이 좀 더 늘면 읽어 보렴."

"우리 이모는 옛날에는 국어 선생님이었고, 지금은 작가야. 외국 사람들에게 한국어도 많이 가르쳤어. 나는 나중에 우리 이모 같은 작가가 될 거야."

"정말이세요? 일본 사람도 가르쳤어요?"

"그래, 일 때문에 한국에 온 일본 어른들을 많이 가르쳤지. 그나저나 너희들 모두 올 겨울이 지나면 중학생이지?"

"예, 동갑입니다."

"어머, 신스케. 동갑이란 말도 아는구나. 우리 수진이와는 자전거 모임에서 만났다고?"

"예. 수진이는 자전거를 아름답게 탑니다. 수진이 덕분에 한국말 조금 잘하게 됐습니다."

마키코가 못 알아들어 답답한지 신스케 팔을 살짝 찔렀다. 신스케가 일본말로 통역해 주었다.

"이모, 마키코에게 가르칠 책도 준비했어요."

수진이가 《초급 한국어》라는 책을 폈다. 첫 장에 한글 자음과 모음이 커다랗게 적혀 있었다. 신스케가 책을 마키코 앞으로 당기더니 신 나게 설명했다.

"한글은 신기해. ㄱ하고 ㅏ를 합치면 가가 되고 ㄱ하고 ㅗ를 합치면 고가 돼. 그리고……."

신스케는 이리저리 줄긋기를 하며 일본어로 단숨에 설명하고 있었다. 마키코는 호기심이 가득한 눈빛으로 열심히 들었다.

"한글은 자음과 모음 몇 개만 외면 서로 연결해서 온갖 소리를 다 쓸 수 있어."

신스케는 한 마디를 더 하고는 의기양양하게 웃었다. 마키코는 헤에, 하며 눈을 동그랗게 떴다. 이모가 빙그레 웃었다.

"수진아, 글자는 네가 가르칠 게 없겠다. 신스케가 설명 다 했어."

신스케가 어깨를 으쓱하며 덧붙였다.

"모닝 레터 Morning letter 잖아요."

"글자는 내일 다 배울 테니, 다음에 만나면 '한글' 이야기해 줄게."

"한글 이야기라고요?"

"그래, 단어만 외우는 공부는 재미 없잖아. 한글에 대한 역사와 문화를 알면, 한국어 실력이 저절로 쑥쑥 자랄 거야."

"그래요? 우리, 내일도 올 거예요."

"그럼 이 신문 한번 보고 오렴."

처음 수출한 한글

한글로 된 교과서를 읽고 있는 찌아찌아족 어린이

한글, 찌아찌아족 표기 문자 채택

한글이 처음으로 해외 소수 민족의 표기 문자의 하나로 채택됐다. 인도네시아 찌아찌아족은 독자적인 언어는 갖고 있지만 이를 표기할 문자가 없어 그 언어가 사라질 위기에 처해 있었다. 찌아찌아족 학생들은 훈민정음학회의 노력으로 한글로 된 교과서를 통해 민족 언어를 배우고 그들의 문화와 전통을 이어나갈 수 있게 됐다.

: 뼁겜발라 돔바 마이 스리갈라……? 분명히 한글인데 도대체 무슨 말인지 모르겠다!

: 인도네시아의 찌아찌아족이 자기네 말을 한글로 표기한 거야. 그동안 문자가 없어 글을 쓸 수가 없었대.

: 한글을 문자로 한다고요? 왜 세계 언어라는 영어의 알파벳을 쓰지 않고요?

: 한글은 많은 소리를 표기할 수 있는 데다 소리와 문자가 일대일로 대응하는 유일한 문자거든.

: 일대일 대응요? 그게 무슨 뜻이에요?"

: 각각의 자음과 모음에 한 소리가 정확하게 난다는 뜻이야. 영어는 소리글자로 표기하지만 발음 기호가 따로 필요해. 영어 알파벳 'a'만 해도 ㅏ, ㅓ, ㅗ, ㅐ 등 여러 가지 소리로 나지. 'c'도 ㅊ, ㅅ, ㅋ 등 여러 소리가 나고. 그건 각 소리에 대응하는 글자가 부족하기 때문에 생기는 현상이야. 한글은 각 소리에 대응하는 글자가 제대로 갖춰져 있기 때문에 'ㄱ'은 'ㄱ' 소리만 나타내면 되고, 'ㅏ'는 'ㅏ' 소리만 나타내면 되는 거지. 그래서 한글 자체가 발음 기호로 쓰일 수 있어. 여러 언어의 다양한 발음을 가장 제 소리에 가깝게 표기할 수 있는 문자가 바로 한글이야.

: 정말 그렇군요!

인도네시아 소라올리오 지구에 세워진 도로 표지판이야. 이 지역에는 이런 한글 표지판이 열 개도 넘게 있어.

한글은 누가 만들었을까?

"기다비는 사……"

마키코가 벽에 걸려 있는 시 제목을 더듬거리자 신스케가 고쳐 주었다.

"기다리는 사람."

"아하, 리! 머리 리!"

마키코는 제 머리를 톡톡 치며 웃었다. 하루가 지나자 마키코는 말은 몇 마디 못해도 글자는 웬만큼 읽을 수 있었다. 받침 있는 글자에서 버벅거리긴 했지만.

"마키코가 벌써 한글을 잘 읽는구나."

이모가 놀랍다는 표정으로 이야기했다.

"몇 개 헷갈리는 건 차차 익숙해질 거야. 한글은 수진이가 잘 가르쳐 줄 거고.

나는 한글을 누가 만들었는지 얘기해 줄게."

"세종!"

신스케가 기다렸다는 듯이 큰 소리로 대답했다.

"어머, 세종 대왕을 아는구나."

"네, 세종 대왕이요! 한글은 세종 대왕 혼자서 만들었어요? 쉬운 글자니까 만들기도 쉬웠나요?"

신스케가 바싹 다가앉으며 물었다.

"그렇지는 않지. 수진이도 잘 들어야겠다. 좀 어려운 이야기인데…… 신스케, 통역 괜찮겠니?"

"네! 걱정 마세요. 제 꿈이 외교관입니다. 통역 연습도 열심히 할 거예요."

신스케가 엄지를 번쩍 세우며 큰 소리로 말했다.

"한글은 본래 훈민정음이라고 불렀어. 백성을 가르치는 바른 소리라는 뜻이야. 그런데 한글은 누가 만들었을까?"

이모가 아이들을 둘러보며 물었다. 수진이 바로 대답했다.

"그야, 당연히 세종 대왕과 집현전 학자들이죠. 아! 신스케, 집현전은 세종 시대 최고의 학문 연구소야."

"세종 대왕과 집현전 학자……, 그렇게 알고 있는 사람이 많지. 그런데 정말 그럴까? 일단 확실한 기록부터 보자."

이모는 책을 뒤적이더니 찾아 읽었다.

이 달에 임금이 친히 언문 28자를 지었는데, …… 이것을 훈민정음이라 일렀다.
➛ 《조선왕조실록》 1443년 12월 30일

계해년(1443년) 겨울에 우리 전하께서 정음 스물여덟 자를 처음으로 만드시어……
➛ 정인지가 쓴 《훈민정음해례》 서문

나라말이 중국과 달라 한자와는 서로 통하지 아니하여서 …… 내가 이것을 가엾게 생각하여 새로 스물여덟 글자를 만드니……
➛ 《훈민정음해례》

우리 전하께서 운학에 뜻을 두고 그 밑바탕을 깊이 연구하시어 훈민정음을 창제하셨다. ➛ 성삼문

"기록에는 모두 임금이 만들었다는 말만 있네요?"
"그렇지. 성삼문의 또 다른 책에는 '훈민정음을 만든 사람은 세종과 세자였던 문종이다.' 이렇게 밝히고 있어. 당시 젊은 학자였던 신숙주가 쓴 책에도 '스물여덟 자를 만든 사람은 세종'이라고 씌어 있어."
"그럼 집현전 학자에 대한 기록은 전혀 없나요?"
"오히려 집현전 학자들이 훈민정음을 반대하는 상소를 올렸다는 내용만 있어. 그런데 왜 사람들은 세종이 집현전 학자들과 함께 지었다고 생각하고 있

을까?"

"글쎄요? 당연히 그런 줄로……."

수진은 말을 얼버무렸다.

"우선 그렇게 과학적이고 체계적인 글자를 왕이 혼자 만들기는 무리지 않을까 하는 점이지. 배우기 쉽고 쓰기 쉽다고 만들기도 쉬웠겠어? 당연히 아니지. 그 반대가 아닐까? 온갖 소리를 다 표현하면서도 글자는 단순하게! 이런 걸 만들려면 연구에 연구를 거듭해야 했을걸."

"생각해 보니 정말 그렇네요."

"아마 크고 작은 일을 도운 사람은 있었을 거야. 기록에 임금이 친히 지었다고 해서 그것이 반드시 세종 혼자 지었다는 뜻은 아니지."

"그러니까요. 그래서 집현전 학자들과 같이 만들었다는 거 아니에요?"

"그런데 말이야. 한글이 만들어지고 나서 엄청나게 반대했던 사람들이 있었어. 그들이 집현전 학자들이었지."

"에? 정말요?"

신스케가 깜짝 놀랐다. 수진이도 고개를 끄덕이며 말했다.

"네, 저도 그렇게 들었어요."

"이상하지 않아? 집현전 학자들이 만들었다면서 누구는 만들고 누구는 반대하고 왜 그랬을까? 집현전 학자들끼리 편이 갈렸나?"

"글쎄요, 그건 생각 안 해 봤는데…… 좀 이상하네요."

수진이가 고개를 갸웃했다.

"학자들이 한글을 반대했어요? 왜요?"

신스케와 마키코가 눈을 동그랗게 뜨고 물었다.

"반대 상소문을 한 번 보면 수수께끼가 풀리지 않겠니? 한글이 완성됐다고 발표한 지 두 달 뒤에 최만리와 집현전 학자 일곱 명이 공동으로 작성하여 올린 상소문이야."

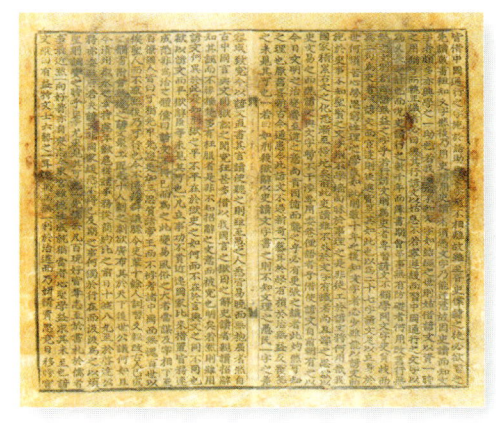

이제 따로 언문을 만드는 것은 중국을 버리고 스스로 오랑캐와 같아지려는 것이니…… 새 글자를 만든 것은 학문에도 정치에도 아무 유익함이 없습니다. 굳이 만들어야 한다면 마땅히 재상에서 신하까지 널리 상의한 후 해야 할 것인데 갑자기…… 혹시라도 이 일이 중국에 흘러 들어가서 시비를 걸어올까 두렵습니다.

"새 글자를 만들면 오랑캐가 될 거라며 걱정하고 있어요."

"그때는 중국을 따르는 것이 국제 질서였단다. 세종은 그 오랜 관습을 벗어나

려 한 거야."

수진이 고개를 갸우뚱했다.

"최만리는 집현전 부제학으로서 학문적으로나 직책으로나 사실상 집현전의 우두머리인 사람이야. 그러니까 세종이 공식적으로 집현전 학자들과 함께 한글을 만든 것은 아닌 게 분명해. 상소문에 '의논도 없이 갑자기'라고 하잖아. 제 나라 글자를 가지는 걸 오랑캐나 하는 짓이라 여기는 학자들이 한글 창제를 미리 알았다면 어쩌면 한글 만드는 일을 끝까지 추진하기가 어려웠을지도 몰라."

"그래서 세종은 한글을 만드는 일에 대해 신하들과 의논하지 않았나 봐요."

"그럼 세종 대왕 혼자서 만든 건가요?"

신스케가 놀라서 물었다.

"아마 세종 대왕은 젊고 유능한 학자들에게 한글 창제를 돕게 했을 거야. 창제하고 두 달 뒤부터 정인지, 박팽년, 성삼문, 신숙주 등 집현전 학자들에게 훈민정음 해설서, 한문 발음책, 용비어천가 등 한글과 관련된 책들을 집필하게 했거든."

"네에, 그랬군요."

신스케가 고개를 끄덕였다. 마키코가 눈으로 신스케를 재촉하고 있었다. 이모가 신스케 통역이 끝나기를 기다렸다가 말을 이었다.

"재미있는 사실이 있어. 왕자와 공주들이 한글 창제에 관계했음직한 기록들이 군데군데 보여."

"왕자와 공주가요? 정말이에요?"

"그래. 세종은 한글을 만든 후, 학자들에게 여러 책들의 번역이나 집필을 지시하면서 그 책임자로 세자와 왕자들을 임명했어. 그 무렵 세종의 비인 소헌 왕후가 죽었는데 아들 수양 대군은 돌아가신 어머니를 위해 한글로 《석보상절》을 지었어. 그리고 딸 정의 공주는 같은 말이라도 뒤에 붙는 말에 따라 이리저리 소리가 바뀌는 것 등을 연구해 왕에게 올리고 크게 칭찬을 들었다는 기록이 있어."

"왕자와 공주가 한글에 상당한 지식이 있었나 봐요!"

"그렇지. 왕실 가족들도 몇몇 학자들처럼 한글을 제대로 알고 있었다는 거고, 창제 과정에 참여했을 거라는 추리도 해 볼 수 있어. 왕실이 왕자 교육을 철저히 해서 왕자들의 학문도 대단한 수준이었을 테니까 충분히 가능한 이야기지.

이런 저런 기록들로 보면 한글 창제는 세종 대왕이 주도하고 임금과 뜻을 같이하는 몇몇 학자들과 왕실 가족들이 도왔다고 볼 수 있겠지?"

《석보상절》
수양 대군이 어머니 소헌 왕후를 위해 지은 책이야. 한글로 책을 쓴 걸 보면 수양 대군은 한글을 잘 알고 있었을 거야.

"와, 그런 것까진 몰랐어요, 이모."

수진이가 말하다가 신스케를 의식하고 얼른 입을 다물었다. 다행히 신스케는 통역하느라 바빴다.

한글 외에 창제자가 밝혀진 문자가 또 있을까?

세계에는 5000개쯤 되는 언어가 있는데, 그중에서 문자를 가지고 있는 언어는 100여 개에 지나지 않아. 그리고 대부분 누가 언제 만들었는지를 정확히 알 수가 없어. 한글은 누가, 언제 만들었는지를 분명히 아는 문자야. 그리고 우리말에 맞는 문자를 만들어 누구나 편하게 읽고 쓸 수 있게 하겠다는, 만든 목적도 분명하지. 그런 점에서 아주 특별한 문자란다. 그럼, 전 세계에서 사용하고 있는 문자 중에서 한글 말고 창제자가 밝혀진 문자가 또 있는지 알아볼까?

한글보다 먼저 만들어진 문자

거란 문자

920년에 요나라 태조 야율아보기가 한자를 참조해 만들었어. 창제자가 밝혀진 문자 중 가장 오래 된 문자야. 거란 말은 우리말처럼 조사와 어미가 있어. 우리말에서 '먹다'가 먹고, 먹으니, 먹으면 등으로 바뀌면서 사용되는 것과 같았지. 그런데 뜻글자라 말의 변화를 표기하기에 불편해서 별로 쓰이지 못했어.

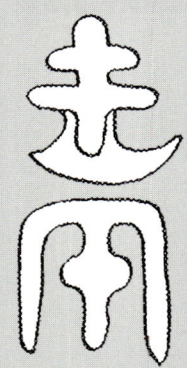

여진 문자

금나라 태조가 1119년에 완안희윤에게 명하여 만든 문자야. 한자를 모방하고 거란 문자를 바탕으로 해서 만들었지. 이 문자 역시 거란 문자처럼 뜻글자라서 백성들이 사용하기가 쉽지 않았어.

파스파 문자

원나라 세조 쿠빌라이가 티베트 출신의 승려 파스파에게 명하여 만든 문자야. 1296년에 만들어졌고, 티베트 문자를 바탕으로 했지. 쿠빌라이는 이 문자를 공용 문자로 채택했어. 하지만 널리 사용되지 못하다가 쿠빌라이가 죽은 뒤에는 쓰이지 않았어.

타이 문자

오늘날 태국에 해당하는 수코타이 왕국의 3대 왕 람캄행이 크메르 문자(현재 캄보디아에서 사용하는 문자)를 개량해서 만든 문자야. 이 문자 덕분에 수코타이 왕국은 크메르 왕국으로부터 독립해 독자적인 문화를 갖게 되었어. 람캄행은 통일된 문자가 백성을 결합하고 독립 국가로서의 상징과 위상을 지닌다는 걸 알았던 거야. 현재 쓰고 있는 타이 문자는 이 문자를 바탕으로 만든 것이야.

한글보다 나중에 만들어진 문자

만주 문자

청나라를 세운 누르하치가 1599년 신하들에게 명하여 만들었어. 일상적으로 쓰고 있던 몽골 문자에 점이나 쉼표 같은 것을 첨가하여 변형시킨 소리글자야. 누르하치가 청나라의 위상을 높이고자 만든 거지.

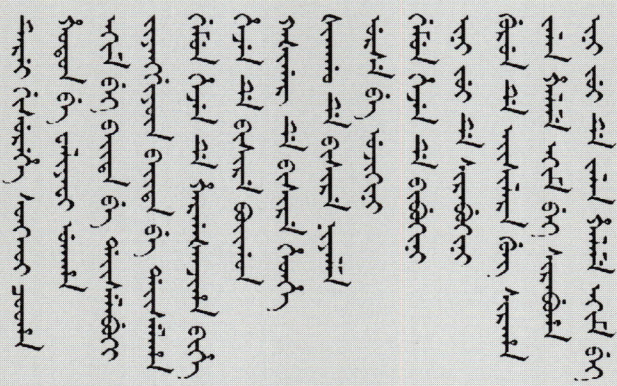

체로키 문자

아메리카 원주민 체로키족의 추장인 세쿼야가 1809년에서 1821년 사이에 만들었어. 85개의 문자 기호가 사용되었지만 널리 보급되지 못하고 지금은 로마자 알파벳으로 대체되었어.

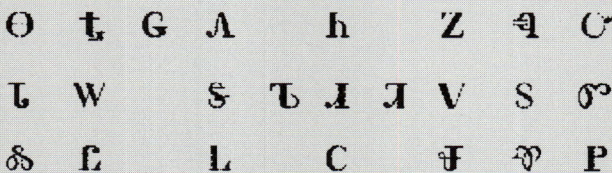

보이는 음성

가장 최근에 만들어진 문자야. 1867년에 발표되었지. 영국의 언어학자 알렉산더 멜빌 벨이 귀가 안 들리는 사람도 알 수 있는 문자가 있으면 좋겠다는 생각으로 만들었다고 해. 이 문자는 발음 기관의 위치와 발음 기관이 움직이는 모양을 이용해 만든 것인데 그 방식이 한글과 같아서 주목을 끌고 있어. 서양 사람들은 1960년대에 한글이 서구에 알려지기 전에는 이 문자를 발음 기관을 본떠 만든 최초의 글자로 알고 있었어.

위에서 알아본 글자들은 대부분 효율성이 떨어져서 지금은 사용되지 않고 있어. 타이 문자가 개량되어 사용되는 정도야. 벨의 보이는 음성은 처음부터 일반 사람들이 두루 사용하는 문자가 아니었고. 그러니까 창제자가 밝혀진 문자 중에서 현재까지 많은 사람들이 일상에서 사용하고 있는 문자는 한글밖에 없는 셈이지.

세종 대왕은 어떤 사람?

방에서 한글 공부를 마치고 거실로 나온 신스케와 마키코가 자리에 앉자마자 이모에게 물었다.

"세종 대왕은 어떤 사람이기에 글자를 만들겠다는 엄청난 생각을 했을까요?"

신스케는 호기심이 가득한 눈으로 자리를 고쳐 앉았다.

"일본 사람들은 이순신 장군에 대해서는 잘 아는데, 세종 대왕에 대해서는 잘 모르지?"

"네."

"나도 궁금해."

마키코가 신스케에게 웃음을 보이며 바싹 다가앉았다.

"세종 대왕은 새 문자를 만들 만큼 소리, 문자, 언어에 대한 지식이 깊었어. 아무리 글자의 필요성을 느끼고, 백성들도 글자를 알게 하고 싶다는 생각이 있다 해도 실제로 문자를 만들 능력이 없다면 불가능한 일이야. 그게 기발한 아이디어만으로 해결될 수 없다는 것쯤은 알겠지?"

"문자를 만들 능력……? 그동안 그저 훌륭한 임금이라고만 생각하고 있었어요. 세종 대왕은 대체 어떤 사람이었어요?"

수진이가 재촉했다.

"그럼 오늘은 세종 대왕에 대해 알아볼까? 물론 여러 가지 기록을 토대로 말이야."

"네, 좋아요!"

"한글은 현대 언어학으로 보아도 최고 수준의 글자로 세계에서 인정받아. 각 소리들의 분류와 체계가 지극히 과학적이라고 해. 발음 기관을 해부한 것처럼 정확히 관찰해 만들어졌지. 이런 글자를 만든 세종은 그만한 지식과 능력을 갖춘 임금이었어. 신스케, 천천히 말할 테니까 어려운 단어가 나오면 넘어가지 말고 질문을 하렴."

"예, 그럴게요."

"세종은 아무도 못 말리는 책벌레였어. 어렸을 적 아버지인 태종이 걱정할 정도였지. 보다 못한 태종이 책을 읽지 말라는 명령을 내렸다고 해. 임금의 명을 받은 사람들이 당시 충녕 대군이었던 세종의 방을 뒤져 책을 몽땅 가져갔지.

그런데 그 와중에도 세종은 소매 속에 한 권을 숨겨 두었다가 몰래 읽었다니 말 그대로 못 말리는 책벌레였나 봐. 하여간 그 정도로 공부에 재미를 붙인 사람이었어. 또 세종이 음악 마니아였다는 거 알아?"

"음악 마니아요?"

"마키코 음악 좋아요!"

"마키코는 꿈이 가수래요."

"그래? 그렇다면 세종을 더 잘 이해할 수 있겠는걸! 세종은 왕자 시절에 풍류의 대가인 큰형 양녕 대군에게 거문고와 가야금을 가르쳤다고 해. 실록에도 거문고와 비파 등 정통하지 않은 것이 없다고 기록되어 있어."

"세종이 음악을 중시했다니, 새로운 사실이에요."

"세종은 조선 사람의 음악 정서가 중국 사람과 다르다는 것을 예사롭게 생각하지 않았어. 그래서 궁중에서 쓰던 중국 음악도 조선에 맞게 모두 새로 만들도록 했지. 게다가 배우고 익히는 데서 그치지 않고, 그걸 뛰어넘어 자신만의 창의성 넘치는 생각을 해냈지. 그게 문자에서는 한글 창제로 나타난 거고. 세종은 정말 놀라운 왕이었어!"

"그런데 음악과 문자가 무슨 관계가 있어요?"

수진이가 물었다.

"한글은 소리글자잖아. 그런 글자를 만들기 위해서는 정확한 음, 소리가 나는 곳, 소리를 구별해 듣는 능력이 굉장히 중요하지. 1433년 1월 1일자 기록에 재미있는 일화가 있어. 설날 잔치 때에 세종이 편경 연주를 듣고 나서 말했어.

'중국 편경은 소리가 조화롭지 않은데 우리가 만든 편경은 소리가 매우 맑고 아름다우며 음이 섬세하니 어찌 기쁘지 않겠는가? 그런데 아홉 번째 경쇠 소리가 약간 높지 않으냐?'

당시 음악 책임자였던 박연이 깜짝 놀라 얼른 자세히 살펴보고 아뢰었어.

'자리를 가늠하느라 그은 먹선이 다 갈려 나가지 않았사옵니다.'

다 말랐다고 연주를 했는데 경쇠 하나에 먹물이 살짝 남아 있었던 거야. 먹이 있는 부분을 갈아 없애자 소리가 바르게 되었다고 해. 이 정도면 세종의 듣기 능력이 절대 음감이라고 할 만하지?"

경쇠

편경
편경은 고려 때부터 쓰이던 타악기야.
옥을 ㄱ자 모양으로 갈아서 매달아 두고 두드려 소리를 낸단다. 편경의 소리는 습기나 더위, 추위에도 변하지 않아서 모든 악기의 표준으로 삼았어. 매단 옥을 '경쇠'라고 해.

"와! 대단하네요."

"소리에 대한 세종의 탁월한 감각과 능력이 정확한 말소리 분석에 큰 도움을 주었던 게 틀림없어. 덕분에 한글은 소리의 맑고 흐림, 높고 낮음에 곡조와 가락까지 고루 갖춘 소리를 적을 수 있었어."

"세종 대왕은 제가 알고 있던 것보다 훨씬 대단한 분이네요."

"그래. 그저 단순히 학문을 좋아하고 백성을 사랑하는 임금이었던 게 아니지. 세종이 과학을 보는 안목에 대해서는 이미 알고 있지? 천문학, 역학, 의학에 이르기까지 여러 학문에 통달해 있었다는 것도. 특히 신분에 구애받지 않고 천재 과학자 장영실에게 많은 일을 맡긴 것, 그런 과정을 통해 중국의 선진 과학을 받아들여 그 이상의 성과를 낸 것이 세종이 지녔던 탁월한 점이야. 나라와 백성에게 필요한 것이 무엇인지 진심으로 생각하지 않고는 있을 수 없는 일이지. 그랬으니까 조선 땅에 맞는 새로운 천문학, 과학 기술, 의학 개발에 엄청난 지원을 했지. 그 성품이 문자 창제에도 발휘된 거야. 또 세종은 뛰어난 언어학자였어."

"언어학에 뛰어났다는 기록도 있나요?"

"물론이지. 세종 대왕은 통역사들에게 '말이라는 것은 굽고 꺾인 데를 두루 통역해야 말맛이 나거늘 통역사들이 대강 말하는 데 머무르니 한스럽다.'고 말한 적이 있어. 언어마다 말의 느낌이 다르니 통역사는 그것까지 옮겨야 한다는 거야. 세종은 그만큼 언어의 본디 특성까지 꿰뚫고 있었어."

《박통사언해》 숙종 때 펴낸 중국어 교재야. '박통사언해'라는 제목은 박씨 성을 가진 역관의 이야기를 한글로 적었다는 뜻이야. 중국인의 일상생활에 대해 자세히 나와 있어서 중국 문화를 공부하는 데 중요한 책이었어.

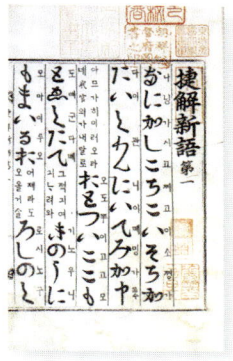 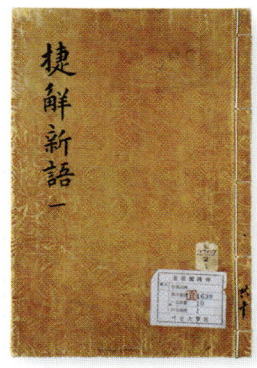

《첩해신어》 숙종 때 펴낸 일본어 학습 교재야. 일본어를 통역하는 역관들이 공부하는 책이지. 일본 글자인 히라가나가 큼직하게 적혀 있구나. 히라가나 옆에는 한글로 발음을 적었어.

"신스케, 지금 말맛까지 통역하고 있니?"

수진이가 신스케를 돌아보았다. 신스케가 손을 내저었다.

"나는 겨, 겨우 뜻만······."

"신스케, 지금 잘하고 있어. 천천히 말해 줄 테니까 걱정 마."

이모가 신스케 어깨를 두드렸다.

"통역 문제까지 신경쓰는 그 꼼꼼한 성품에 비추어 볼 때 세종은 조선에 알려진 모든 언어와 문자에 깊은 관심을 가졌을 거야. 그때 대표 음운 문자인 인도의 산스크리트어 문자나 몽골의 파스파 문자 등도 잘 알고 있었을 거고.

세종은 중국에서 사신이 올 때마다 학자들을 보내 소리를 연구해 오게 하고, 학자들을 여러 번 외국에 보내기도 했어. 창제 전이나 창제 후까지 그런 노력이 끊이지 않았지. 그 덕분에 한글은 많은 소리를 표기할 수 있어서 다양한 외국어들의 발음 기호로서도 손색없이 사용되었단다. 외국어 공부에 아주 도움이 되었지. 어때? 세종은 정말 뛰어난 언어학자였지? 그것도 치열한 탐구심을 가진 언어학자."

"그러니까 문자를 만들 만큼 언어학에 뛰어났다는 거네요."

"참 대단하신 분입니다."

마키코 말을 신스케가 한국어로 통역했다.

"세종은 새 문자를 만들 만큼 충분한 지식과 생각 그리고 의욕을 가지고 있었던 거야. 세종은 한글을 완성하기 7년 전부터 건강상의 이유를 대며 나랏일 일부를 세자에게 맡겼고, 완성 8개월 전인 1443년 4월부터는 나랏일 대부분을 다 세자에게 넘겼어. 그때가 있는 힘을 다해 한글 창제에 몰두한 기간이었을 거야. 그런데 말이야, 그때에 대한 기록이 없는 게 정말 유감이야. 하지만 기록이 없다는 것 자체가 중요한 단서가 되기도 해. 그만큼 쉬쉬 하며 만든 비밀 작업이 아니었을까 하는 거지."

"정말요?"

"학자들이 반대했다고는 하지만 '에이, 그렇게까지 할 정도로?' 하는 생각이 들지? 한글이 만들어지고 나서 무슨 일이 있었는지 알면 이해가 될 걸."

"무슨 일이 있었는데요?"

신스케가 물었다.

"아주 심각한 일이 있었지. 그런데 오늘은 너무 늦었으니 다음에 이야기하자. 신스케 입이 부르트겠구나."

"네, 정말 입이 바빴어요. 그래도 통역 연습해서 신 납니다."

신스케가 마키코를 돌아보며 웃었다.

한글이 과거 시험 필수 과목이었다고?

한글에 관한 한 세종은 한 치도 양보하지 않았어. 학자들이 반대했어도 끝까지 밀어붙여서 기어이 반포를 했지. 그리고 반포 한 달 뒤에는 한글로 공문서를 발행했어.

> 임금이 대간의 죄를 일일이 들어 언문으로 써서,
> 환관 김득상에게 명하여 의금부와 승정원에 보이게 하였다.
> ➜ 《조선왕조실록》 1446년 10월 10일

공문서를 봐야 하는 관리들은 한글을 익히지 않을 수 없었지.
또 세종은 한글 전문 관청인 언문청을 설치하고 《용비어천가》를 다듬게 했어. 흔히 집현전이 한글과 관련된 일을 했을 거라 여기지만 실제로는 그렇지 않았지. 더구나 집현전의 주요 학자들은 한글에 반대하고 있었으니 거기서 한글 관련 일을 마음껏 할 수 있었겠어? 그러니 따로 언문청이 필요했던 거야. 이 언문청은 중종 1년(1506년)에 없어질 때까지 60년 동안 한글 보급에 큰 역할을 했어.
언문청을 설치한 다음 달인 1446년 12월, 한글을 반포한 지 3개월도 안 되어 세종은 문서 담당 하급 관리를 한글을 아는 사람으로 뽑게 했어. 과거 시험에도 한글을 필수 과목으로 하겠다고 공표했지. 예나 지금이나 시험 과목으로 정하는 것만큼 효과적인 방법이 있을까? 과거를 볼 사람들은 다 한글을 배웠겠지?

그뿐이 아냐. 한문으로 되어 있는 책들을 한글로 번역하게 하고, 사람들이 늘 쓰게 될 동전에 '효뎨례의' 글자를 새겨 만들게도 했어. 그전에는 동전을 만들 때에 한자로 '○○통보' 등으로 썼어. 세종은 한글에 대해서는 이렇게 거침없이 밀어붙이며 실제로 널리 쓰이도록 온 힘을 기울였어. 덕분에 한글은 빨리 퍼져 나갔지.

한글 완성! 그런데 무슨 일이?

"그런데 무슨 일이 있었어요? 한글 만들고 나서 말이에요."

이모가 차와 과자를 내오자 신스케가 곧바로 물었다. 어지간히 궁금했던 모양이었다.

"그럼, 오늘은 그 얘기를 해 볼까?"

"네, 나라의 경사가 아니었나요?"

"글쎄다. 한글이 만들어지고 나서 학자들의 반대가 심했다는 말을 했지?"

"네, 이렇게 편리한 문자를 만들었는데 학자들은 왜 반대했어요?"

신스케가 되물었다.

"그때는 학자들이 중국의 한자를 최고의 글자라고 생각했대. 맞죠, 이모?"

"그래도 편리한 글자가 새로 생기면 좋잖아요."

신스케와 마키코는 도무지 이해가 안 간다는 표정이었다.
"자, 차근차근 살펴보자. 한글이 완성됐다! 나라에서 큰 잔치라도 열지 않았을까? 그런데 상황은 그렇지 못했어. 한글을 완성한 1443년 12월 30일, 《조선왕조실록》에 처음으로 훈민정음에 관한 기사가 나와."

> 이 달에 임금이 친히 언문 28자를 지었는데, 그 글자가 옛 전자를 모방하고, 초성 중성 종성으로 나누어 합한 연후에야 글자를 이루었다. 무릇 한자에 관한 것과 우리말에 관한 것을 모두 쓸 수 있고, 글자는 비록 간결하지마는 전환하는 것이 무궁하니, 이것을 훈민정음이라 일렀다.

"새 문자 창제라는 역사적 중요성에 비하면 참으로 담담하고 단출한 기사지? 간단한 정보 말고는 나라의 경사라든가 수고한 사람들에게 상을 주었다든가 하는 말이 전혀 없어. 한글 창제가 당시에는 그리 중요한 일이 아니었던 걸까? 어쨌든 왁자하게 축하할 만한 상황이 아니라는 것은 분명해."
"네에, 좀 이상하네요. 그런데 이모, 한글에 대해서 1443년에 처음으로 기록에 나왔다고 했죠? 왜 만드는 동안에는 아무런 기록이 없었던 거예요?"
수진이가 고개를 갸웃하며 물었다.
"그래, 웬만한 사실은 다 기록하는 실록인데, 한글에 관한 기록은 그게 처음이야. 참 이상하지? 한글을 만든 기간이 짧지 않았을 텐데 실록은 물론, 어디에도 창제 기간 동안의 이야기가 하나도 없어. 그래서 새 문자 만드는 일이 비밀 작업이었지 않나 하는 학자들의 의견이 있다는 거야."

"비밀 작업이라고요?"

"사실 최만리의 상소문과 논쟁이 아니었으면 우리는 한글 창제 당시의 여러 일들을 전혀 모를 뻔했어. 반대하는 사람들 덕분에 오히려 한글에 대한 그때 사람들의 태도와 상황이 잘 드러난 거지. 최만리의 상소문을 자세하게 살펴볼까? 실록에 기록된 임금과 학자들의 논쟁도 알아보면 아주 재미있을 거야."

> 언문을 만든 것이 매우 신기하고 기묘하여, 새 문자를 창조하시는 데 지혜를 발휘한 것은 전에 없이 뛰어납니다. 사람들은 언문이 옛 전자(도장에 새겨진 글자)를 본떠서 만든 것으로 새 글자가 아니라고 하지만, 소리를 쓰고 글자를 합하는 것은 옛 글자와 전혀 다릅니다. 만일 중국에서 이 일을 알고 비난을 하면 부끄럽지 않겠습니까? 몽골, 서하, 여진, 일본, 티베트와 같은 종족이 각기 그 글자가 있지만 이는 모두 오랑캐 종족에나 있는 일입니다.
>
> …… 이제 따로 언문을 만드는 것은 중국을 버리고 스스로 오랑캐와 같아지려는 것이니 어찌 흠이 되지 않겠습니까?

"내용을 보면 반대하기에 앞서 일단 새 글자가 아주 뛰어나다는 것을 인정하고 있어. 최만리는 한글이 옛 도장의 글자를 본떴다고 말하지만 사실은 새로

운 것이어서 혹시 중국에서 알까 걱정하고 있어. 여기서 우리는 대학자 최만리가 한글의 독창성을 인정했음을 알 수가 있어."

"듣고 보니 그러네요."

"그런데 상소문에는 각자의 글자를 가지는 게 오랑캐 종족에나 있는 일이라는 말이 있지? 자신들만의 문자를 오히려 무시하고 경멸한다는 게 놀랍지 않아?"

"참 이상한 일입니다."

신스케가 의아한 눈빛으로 묻다가 마키코가 툭 치는 바람에 얼른 통역해 주었다.

"그러게 말이야. 당시에는 오래도록 한문을 사용해 왔기 때문에 이런 생각을 가진 사람이 대다수였어. 세종 임금의 생각이 오히려 황당하게 여겨졌을 거야. 어쩌면 그 때문에 한글 창제가 비밀리에 진행된 게 아닐까 하는 짐작도 할 수 있는 거고. 어쨌든 한글은 바로 이런 뿌리 깊은 어려움을 이겨내며 만들어지고 반포되고 살아남았던 거야."

"그런 사정이 있었군요. 그래도 이해하기는 힘들어요."

"그런데 잠깐! 최만리 상소 중에 한글이 옛 글자를 본떴다고 한 게 무슨 말이에요? 한글이 무슨 글자를 본떴다는 거예요?"

"최만리 상소에 나온 옛 글자에 대해서는 여러 가지 추측들이 많아. 하지만 대부분 근거가 확실하지 않아서 아직 정확하게 말할 수가 없어. 옛 불경에 쓰이던 산스크리트어 문자라는 주장도 있고, 고대 한국에 한글과 비슷한 글자가 있었는데 그걸 본떴다는 말도 있어. 하지만 고대에 이미 글자가 있었다는 것은 믿을 수가 없어. 그게 있었으면 왜 쓰지 않았겠어? 신라 때에 설총이 애써 향찰과 이두를 만들 필요도 없었을 테고. 확실한 건 세종 때까지 한자와 함께 쓰이고 있었던 글자는 이두와 구결 정도뿐이었다는 거야. 향찰과 이두 이야기는 어려우니 나중에 따로 하자."

"그럼 대체 '옛 글자'는 뭐예요?"

"어쩌면 세종이 일부러 옛 글자를 본떴다는 걸 강조한 게 아닌가 여기는 의견도 있어. 전혀 새로 만든 건 아니라고 함으로써 예상되는 반대를 좀 누그러뜨려 보자는 작전이 아니었을까 하는 거지. 실제로 최만리는 새 글자가 독창적이라는 걸 단박에 알아채고 '소리를 쓰고 글자를 합하는 것이 옛 글자와 전혀 다르다.'라고 했잖아. 상소문을 좀 더 살펴보자."

신라 설총의 이두는 비록 비속하지만 한자를 알게 된 연후에라야 쓸 수 있었으니 이는 학문의 발전에 유익했습니다. ……

한자를 써온 지 수천 년이 되는 동안 문서를 작성하거나 약속을 알리는 등의 일에서 아무런 지장이 없던 것을 무엇 때문에 따로 야비하고 상스럽고 아무 도움도 안 되는 글자를 창조하시나이까? 만약 언문을 사용한다면 관리될 자들이 오로지 언문만을 배우고 학문하는 한자를 돌보지 않아 …… 수십 년 뒤에는 한자를 아는 자가 적어져서 비록 언문으로 능히 사무를 본다 할지라도 성현의 글을 알지 못하고 배우지 않아 무식쟁이가 되어 세상 이치의 옳고 그름에 어두울 것이오니 언문에만 능숙한들 무엇에 쓰겠습니까?

"글을 뜯어 보면 최만리 등 학자들은 한글이 쉽게 퍼져 누구나 알게 될 글자임을 간파하고 있어. 말하자면 한글의 편리성과 효율성을 인정하고 있다는 거지. 그래서 한자 공부를 소홀히 하게 될까 봐 걱정하고 있어."
"한글이 편리하지만 그래도 한자를 써야 한다, 그런 말이네요?"
"그런 셈이지. 그래서 화가 잔뜩 난 세종이 반박하고 있는 걸 볼래?"

설총이 이두를 만들어 낸 뜻이 백성을 편리하게 하고자 한 것이라면 지금의 언문도 백성을 편리하게 하려는 것이다. 너희들이 설총은 옳다 하면서 임금이 하는 일은 그르다 하는 것은 무엇 때문이냐?

"세종은 문자를 학문하는 도구로 여기기보다는 백성에게 이로운지 아닌지를 더 중요하게 여긴 것 같아. 이두를 칭찬한 최만리의 논리를 그대로 한글을 옹호하며 되묻고 있어.
그런데 최만리는 세자(훗날 문종)가 한글에 관여하는 것에 대해 또 반대를 하고 나섰어. 세종이 한문 책을 한글로 번역하는 일의 책임자로 세자를 임명하자 이런 상소를 올렸지."

세자는 공적인 일이라면 비록 아주 작은 문제라도 참석해서 결정하지 않을 수 없으나, 급하지도 유익하지도 않은 일에 시간을 허비하며 마음을 쓰게 하시옵니까?

"최만리는 한글에 대한 일을 시간 허비하는 일 정도로 우습게 여기고 있음을 알 수 있어. 덤으로 당시 학자들의 위상이 어느 정도인지 알겠지? 임금에게 할 말 다 하는 수준이야. 임금이라도 한글을 드러내고 연구하지 못할 만도 하지?"
"네, 그런 건 전혀 몰랐어요."
"마음이 몹시 상한 세종은 분노했어. 학자들을 옥에 가두거나 파직시켰어. 한글 문제만큼은 결코 양보할 수 없다며 밀어붙인 거지. 그리고 논쟁은 끝났어. 학자들이 임금의 뜻을 받아들이지는 않았지만 대놓고 반대하는 일은 결국 포기를 했으니까."
"세종 대왕은 한글을 만드는 일뿐만 아니라 신하들과 싸우는 데에도 애를 많이 먹었겠네요."
신스케가 고개를 끄덕이며 말했다.
"이모, 세종 대왕은 참 힘들고 외로웠겠다."
수진이 표정이 진지해졌다.
"이렇게 어려운 과정을 거쳐 한글이 세상에 나온 거란다."

한글을 입고 태어난 책들

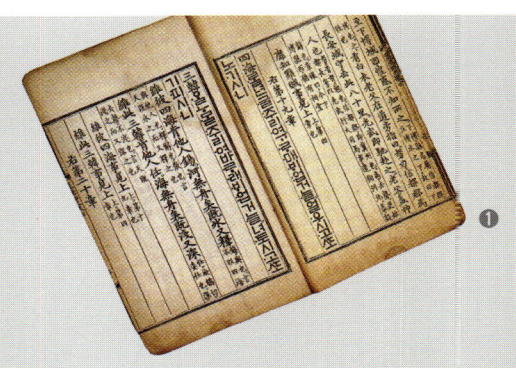

가장 먼저 한글로 쓰인 책은 뭘까? 《용비어천가》야. '용비어천가'는 '용이 하늘로 날아가는 것을 노래한다'는 뜻이야. 여기서 용은 임금을 말해. 조선을 세운 왕들에 대한 이야기가 담겨 있지.

세종이 백성들 모두가 읽고 쓸 수 있는 문자를 만들고자 했던 것은 잘 알고 있지? 그러면 제일 먼저 한글로 펴낸 《용비어천가》는 바로 세종이 백성들에게 가장 먼저 전하고 싶은 이야기였을 거야.

조선은 이성계가 고려를 무너뜨리고 세운 나라였어. 고려 백성들은 하루아침에 조선 백성이 된 셈이지. 그중에는 이성계를 역적으로 생각하는 사람들도 많았을 거야. 게다가 이성계의 조선 건국을 도왔던 다섯째 아들 이방원이 왕위를 계승하는 과정에서 왕자들끼리 죽고 죽이는 일도 있었어. 이렇게 안 좋은 일들이 계속 벌어지니까 조선의 정통성과 위엄이 바로 서지 않았어.

세종도 조선 건국의 정당성을 양반과 일반 백성들에게 두루 알릴 필요가 있었어. 그래서 태조 이성계가 조선을 건국한 것이 오래전부터 하늘의 뜻이었음을 시로 만들어 널리 알린 거야.

그 중 두 번째 노래는 매우 아름답고 비유가 뛰어난 작품이야. 근본이 튼튼한 나라는 고난이 와도 무너지지 않고 오래도록 발전한다는 내용이지.

뿌리 깊은 나무는 바람에 아니 흔들릴새 꽃이 좋고 열매가 많나니
샘이 깊은 물은 가뭄에 아니 그칠새 내가 되어 바다에 가나니
➜ 《용비어천가》 제2장

　세종이 종교 책 중 가장 먼저 펴낸 것은 불교 서적 《석보상절》이었어. 정치적으로는 유교를 내세운 조선이었지만 왕실 사람들은 불교 신앙이 깊었거든. 게다가 1446년 《훈민정음 해례》가 완성되었을 때 세종의 비인 소헌 왕후가 세상을 떠났어. 독실한 불교 신자였던 왕비가 죽자 세종은 무척 슬퍼하며 왕비의 명복을 빌기 위해 부처의 일생을 책으로 펴내고자 한 거야. 둘째 왕자 수양 대군이 아버지의 뜻을 받들어 1447년 7월에 한글로 《석보상절》을 지어 올렸어. 《석보상절》을 본 세종은 《월인천강지곡》을 지어 왕비에 대한 사랑을 지극하게 표현했지.

　소헌 왕후는 세종이 왕이 되기 전 충녕 대군일 때에 혼인했는데 세종이 왕위를 물려받자마자 시아버지인 태종의 모함으로 아버지인 심온이 죽고 어머니는 노비가 되는 시련을 겪었어. 소헌 왕후는 그런 아픔을 안고서도 늘 세종에게 힘이 되어 준 왕비였지.

　그 다음 책은 《동국정운》이야. 1447년 9월에 펴냈지. 《동국정운》은 한자음을 한글로 표기한, 일종의 한자 표준 발음 책인데 그 당시로서는 아주 요긴했어. 지금 우리가 쓰고 있는 '외래어 표기법' 같은 거라고 생각하면 돼. 그 밖에 농업, 의학 등에 관한 책들을 연달아 한글로 펴냈어.

❶ 용비어천가 조선 건국은 하늘의 뜻을 따른 거라는 내용이야. 한글로 기록된 가장 오래된 책이기 때문에 당시 우리말과 문학을 연구하는 데 중요한 자료가 되지.

한글을 만든 원리

마키코가 이모를 보자마자 종이를 한 장 건넸다.

> 나는 마키코입니다. 일본 사람입니다. 한국말 배웁니다.

이모가 놀라며 소리내어 읽었다.

"잘 썼구나! 며칠 새에 많이 늘었네."

마키코가 활짝 웃으며 한국말로 말했다.

"한국말 재미있습니다. 수진이 좋은 선생님입니다."

"헤헷, 사실은 신스케가 더 많이 가르쳐 줘요. 그래도 내가 좋은 선생님인 건 사실이에요."

수진이가 한껏 우쭐해했다. 신스케가 물었다.

"선생님, 오늘은 무슨 얘기를 해 주실 거예요?"

"그 동안 역사 이야기를 많이 했는데, 오늘은 마키코를 위해서 한글이 어떤 글자인지 알아보자."

"네, 좋아요."

"이참에 수진이도 한글에 대해 더 공부하면 좋겠지? 친구들을 가르쳐 주려면 열심히 해야 할걸!"

"맞아요, 이모. 사실 잘 몰라서 대답 못 한 것이 많거든요."

"한글의 원래 이름은 훈민정음이지. 영어 알파벳이나 일본 가나처럼 소리글자야. 하지만 한 소리에 한 글자인 가나와는 달리 자음과 모음이 따로 있어."

ㄱㄴㄷㄹㅁㅂㅅㅇㅈㅊㅋㅌㅍㅎ (14자)
ㅏㅑㅓㅕㅗㅛㅜㅠㅡㅣ (10자)

"이걸 여러 가지로 합하고 겹쳐서 무수한 소리를 나타낸다는 건 잘 알 거야. 그런데 처음 한글이 만들어질 때는 28자였어. 자음은 혀나 목구멍 등 발음 기관에서 소리 낼 때의 모양을 본뜬 ㄱ, ㄴ, ㅁ, ㅅ, ㅇ 다섯 글자를 기본으로 하여 17자였고, 모음은 천지인(天地人), 즉 하늘, 땅, 사람의 자연 원리에 따른 ㆍ, ㅡ, ㅣ를 기본으로 하여 11자. 모두 합해 28자였지."

"한글이 발음 기관을 본떴어요?"

마키코가 놀라서 물었다.

"이 모음들이 하늘, 땅, 사람을 나타내는 거군요!"

신스케도 신기해했다.

"자, 처음 만들어진 글자들을 보렴."

ㄱㅋㆁㄷㅌㄴㅂㅍㅁㅈㅊㅅㆆㅎㅇㄹㅿ (17자)

ㆍ ㅡ ㅣ ㅗ ㅏ ㅜ ㅓ ㅛ ㅑ ㅠ ㅕ (11자)

"1443년에 처음 만들어졌을 때의 자음과 모음이야. 이 중에서 ㆁ ㆆ ㅿ ㆍ 네 글자가 없어지고 지금은 스물네 자가 되었어.

지난번 신문에서 본 찌아찌아족의 교과서에도 낯선 글자가 있었지? 보, 븽 같은 글자 말이야. 찌아찌아족은 없어진 글자까지 포함해서 쓰고 있어. 그러면 찌아찌아족 말에 더 가까운 소리를 쓸 수 있거든. 현재 우리말 소리를 표기할 때는 필요없는 옛 글자지만 다른 나라 말의 소리를 표기할 때는 필요한 경우도 있어.

한글이 만들어진 원리를 알면 재미있어. 우선 자음은 기본 글자 몇 개에 획을 더해서 만든 거야. 'ㄱ'에 획을 더해 'ㅋ'이 된 것처럼.

	기본 글자	획을 더하여 만든 글자	모양이 다른 글자
어금닛소리	ㄱ	ㅋ	
혓소리	ㄴ	ㄷ ㅌ	ㄹ (반혓소리)
입술소리	ㅁ	ㅂ ㅍ	
잇소리	ㅅ	ㅈ ㅊ	
목구멍소리	ㅇ	ㅎ	

위 표를 보면 자음은 ㄱ, ㄴ, ㅁ, ㅅ, ㅇ에서 시작했다는 걸 알 수 있지?

"글자가 어떻게 발음 기관을 본떴는지도 알아보자."

"자, 모두 '가 ―'라고 소리 내 봐."

"가 ―."

"어때? 혀뿌리 쪽이 입천장 안쪽에 붙었다가 떨어지지?"

"가, 가. 맞아요. 목구멍 가까운 쪽에 붙었다가 떨어지면서 소리가 나요."

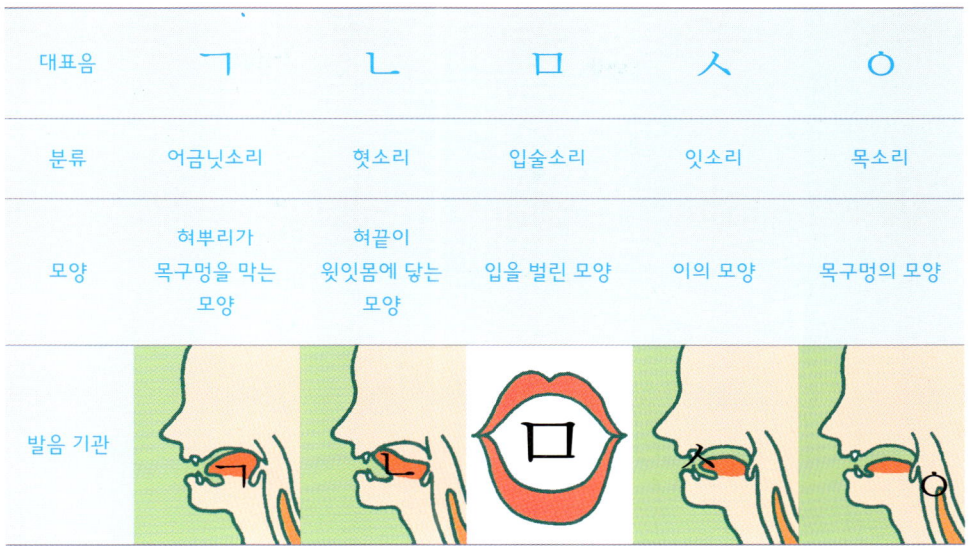

수진이가 소리쳤다.

"그러니까 이때 혀의 모양이 ㄱ처럼 생겼다는 거네요."

이번엔 이모가 꿀을 가지고 오더니 모두의 윗입술에 발라 주었다.

"와, 꿀이다!"

"달고 맛있어요!"

"먹기만 하지 말고, 요 꿀을 입술에 바른 약이라고 생각해 봐. 약이 아랫입술에 묻지 않게 마, 바, 파 소리를 내 보렴."

"아, 아, 아."

수진이가 소리를 내 보다가 고개를 흔들었다.

"소리가 제대로 안 나지? 마, 바, 파는 입술이 서로 붙었다가 떨어지면서 나는 소리야. 입술을 붙였다 떼지 않고는 발음이 안 되지. 그래서 입술소리라고 해. 입을 벌렸을 때의 모양으로 ㅁ 글자를 만들었고."

"아, 마."

신스케가 열심히 입술을 뗐다 붙였다 하며 소리를 비교해 보자 마키코가 따라 했다. 이모가 말을 이었다.

"이렇게 ㄱ, ㄴ, ㅁ, ㅅ, ㅇ 다섯 글자에 획을 더하여 같은 장소에서 나는 다른 자음을 만들고 또 자음들을 서로 합치거나 겹쳐 써서 수많은 소리들을 표기할 수가 있는 거야."

"이제 모음을 살펴 볼까? 모음은 ㆍ, ㅡ, ㅣ 를 바탕으로 하여 여러 가지 방법으로 합해 기본자를 만들었어. ㅡ 위에 ㆍ를 붙이면 ㅗ가 돼. ㅡ 아래에 ㆍ를 붙이면 ㅜ가 되고."

ㅏ ㅑ ㅓ ㅕ ㅗ ㅛ ㅜ ㅠ ㅡ ㅣ

"이 모음들을 다시 서로 더하여 다양한 소리를 나타내지. ㅐ, ㅔ, ㅘ, ㅝ, ㅙ, ㅒ 등이야. 알고 있지?"

"정말 신기해요. 모음이 단 세 개의 바탕 글자를 응용해서 만들어진 줄은 몰랐어요."

신스케는 바쁘게 통역하면서 거푸 감탄을 했다.

"이 그림을 한 번 볼래? 한글 기본 자음과 모음이 얼마나 체계적인가를 알 수 있는 그림이야."

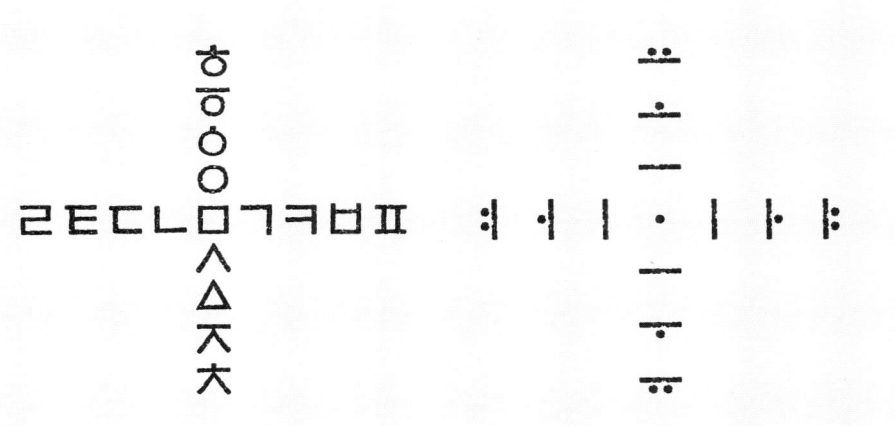

"자음, 모음이 한 곳에서 시작되네요!"

수진이가 눈을 동그랗게 떴다.

"그렇지! 점점 획을 더해가잖아. 이렇게 그림으로 보니 한눈에 다 들어오지?"

"야, 신기해요!"

신스케가 소리쳤다. 마키코도 와, 하며 그림 쪽으로 목을 뺐다.

"이렇게 간단한 한글이 우리 일본 글자보다 훨씬 많은 소리를 나타낼 수 있습니다."

마키코도 일본어로 한마디 거들었다.

"마키코가 벌써 눈치챘구나. 한글은 만들 때부터 소리의 특성을 고려했기 때문에 소리를 나타내는 데 있어서만큼은 한글을 따라올 문자가 없지."

이모는 어려운 단어는 종이에 쓰거나 일본어로 한 번 더 말해 주면서 설명했다.

"한글은 창제 당시에도 자음들을 겹쳐 써서 ㄲ, ㄸ, ㅃ……, 혹은 ㅅㄱ, ㅅㄴ, ㅅㄷ……를 만들면 어지간한 발음을 거의 다 표기할 수 있었어. 거기다 ㅅ을 ∧, ∧으로 획의 길이를 다르게 써서 우리말과 다른 중국어의 음을 표기

하였지. 그 덕분에 한글은 한자음은 물론이고 몽골어, 일본어 등 외국어를 표기하는 데에도 뛰어났어."

"재미있다. 획의 길이를 다르게 써서 중국어의 소리를 정확하게 표기했다는 말이군요."

수진이 말에 이모가 설명을 계속했다.

"그렇지. 중국의 총통을 지낸 위안스카이는 한글의 이러한 특성을 알아본 사람이야. 그는 임오군란(1882년) 때와 갑신정변(1884년) 때 우리나라에 왔는데 그때 한글의 뛰어남을 알아챘어. 한글을 발음 기호처럼 한자에 붙여 쓰면 굉장히 큰 도움이 된다는 것을 안 것이지. 현재 중국에서는 로마자로 중국어 소리를 표기하는데, 위안스카이는 한글이 그런 역할을 할 수 있다고 본 거야."

"한글, 소리를 나타내는 데에 정말 뛰어납니다. 수진, 이런 이야기 왜 진작 해 주지 않았어?"

"아, 그, 그건…… 네가 한국말 더 잘 하면 얘기해 주려고 했지."

신스케가 질문하자 수진이는 얼른 둘러대며 붉어진 얼굴을 감추느라 물을 가지러 갔다.

사라진 옛 글자

한글이 처음 만들어졌을 때 기본자가 28자였는데 지금은 네 글자가 없어졌다고 했지? 이렇게 세월이 흐르면서 쓰임새가 줄어든 소리는 없어지기도 해.

목에서 나는 소리로 '된 이응' 혹은 '여린 히읗'이라고 해. 이름처럼 ㅇ보다 되고 ㅎ보다 여린 소리였어. 우리말에는 쓰이지 않고 모음으로 시작하는 한자음을 쓸 때 주로 사용했어. 안(安), 읍(邑) 같은 글자에 한, 흡이라고 썼어.

'옛이응'이라고 하는데 어금닛소리야. '오이' 하고 '옹이'를 발음해 봐. '이'자의 소리가 다르지? '옹이' 할 때의 '이' 소리를 예전에는 '이'라고 썼어.

이 글자는 모양이 재미있지? '반잇소리'라고 해서 ㅅ과 ㅈ의 중간, 영어의 'Z' 정도의 소리일 것으로 추정되고 있어. 가을을 옛날에는 반잇소리를 써서 '가슬'이라고 했어.

ㆍ

'아래 아'라고 하는데 ㅏ와 ㅗ의 중간 정도 소리였어. 19세기까지 쓰이다가 일제 강점기에 차츰 사라졌으니 없어진 지 오래되지 않은 글자야. 'ㆍ'소리는 지역에 따라 ㅏ나 ㅗ로 바뀌었지만 아직 흔적이 많이 남아 있어. '팔, 팥, 파리'를 '폴, 퐅, 포리' 라고 발음하는 할머니들 혹시 본 적 있니? 제주도에서는 아직도 이 발음을 정확하게 하고 있어. 가게 간판 같은 데서 사용하고 있는 것도 흔히 볼 수 있지. 컴퓨터 자판에서도 이 글자를 입력할 수 있고.

기본 글자는 아니지만 많이 쓰이던 글자 하나 보여 줄게.

'입술 가벼운 비읍'이라고 해. 영어의 'V'에 가까운 소리였을 거야. 이 소리는 점차 모음인 '오, 우'로 바뀌었어. 서울을 옛날에는 '셔뷸'이라 했는데 '셔뷸 ⇨ 셔울 ⇨ 서울'로 바뀌었지. '고운'도 '곱은 ⇨ 고분 ⇨ 고운'으로 바뀌었어. 찌아찌아족은 이 글자를 쓰고 있지.

한글은 모아쓰기 글자

"나는 가수가 꿈입니다."

마키코가 공책에 또박또박 한글을 적었다.

"마키코, 글씨를 참 잘 쓰는구나. 수진이보다 나은데?"

신스케가 이모 말을 다 통역하기도 전에 입이 함지박처럼 벌어진 마키코가 공책을 자랑스레 만지며 말했다.

"선생님, 그런데 한글 모양 특별해요."

"그렇지? 한글은 자음, 모음들도 독특한 모양이지만 그것을 조합해 만든 글자 모양도 독특해. '모아쓰기' 했기 때문에 더 그래."

"모아쓰기요?"

수진이가 되물었다.

"그래, 수진이 너도 그런 것까진 생각해 보지 않았지? 자, 그럼 오늘은 한글의 글자 모양에 대해서 이야기 좀 해 보자. 신스케, 마키코에게 통역 부탁한다."
"걱정 마세요. 저 점점 통역 잘하고 있어요."
신스케가 일본어로 한 번 더 말하자 마키코가 인정한다는 듯 엄지를 치켜들어 주었다. 이모가 종이에 글자를 적으며 이야기를 시작했다.

"자,  이라는 글자를 보자."

"ㄱ, ㅏ, ㅇ 세 낱자가 한데 모아져 글자 하나를 이루고 있고, '강'이라고 소리 나지?"
"네, 그래요."
"한글은 글자가 만들어질 때 이처럼 자음과 모음이 한 무더기로 모여 한 글자를 만들고, 한 소리를 내도록 되어 있어. 'ㄱ, ㅏ, ㅇ'처럼 세 글자가 아니라 '강'으로 한 글자가 만들어진다는 거지. 이걸 모아쓰기라고 해. 영어는 'apple'처럼 죽 풀어서 쓰잖아. '강물'은 모아쓰기 한 것이고 'ㄱㅏㅇㅁㅜㄹ'은 풀어쓰기 한 것이지. 일본 글자는 원래 한 글자가 한 소리라서 모으고 풀고 할 것 없어.

강　river　江　かわ

우리말 한글　　영어 알파벳　　중국어 한자　　일본어 가나

옛 사람들은 오래도록 한문을 써 왔으니 한 글자에 한 소리가 나는 데 익숙해져 있었을 거야. 그러니 글자 모양도 한자처럼 네모 안에 딱 들어가는 형태가 눈에 익었을 테고. 물론 추측한 것이지만 한글의 모아쓰기가 한자의 영향이라고 생각하는 학자들이 많아.
다른 나라 글자 중에도 음소문자(소리 하나하나를 표시할 수 있는 문자. 한글이나 영어 알파벳이 해당된다.)이면서 모아쓰기 한 것이 있어. 몽골의 파스파 문자 보여준 적 있지?"
"네, 기억나요."
"파스파 문자도 음소문자이지만 음절('아침'의 '아'와 '침'처럼 하나의 종합된 소리 느낌을 주는 말소리.) 단위로 모아쓰기를 해. 이것도 한글 모아쓰기를 결정하는 데 영향을 주었다고 볼 수 있어. 원나라 공주를 왕비로 들이던 고려 시대 말기에는 고위층들이 파스파 문자를 배우기도 했고, 과거 시험 과목에 든 적도 있었거든."
"아, 원나라 공주 이야기, 역사책에서 봤어요. 그때 문자도 들어왔다는 거죠?"
"그렇지. 또 모아쓰기를 선택한 다른 중요한 이유가 있어. 말소리는 자음과 모음으로 이루어져 있지만 실제 소리를 낼 때나 들을 때는 모아서 듣는다는 거야. '한'이라고 발음할 때 ㅎ, ㅏ, ㄴ으로 나누어서 발음하지 않고, 듣는 사람

도 나누어서 듣지 않는다는 거지. 풀어쓰기로 쓴 영어 'apple'을 발음할 때 a, p, p, l, e 로 하나하나 나누어 발음하지 않고 a(애), pple(플), 이 두 소리로 발음하고 또 그렇게 듣잖아. 그러니까 세종 대왕도 말소리에 맞는 문자를 표현한 것이지.

즉, 세종 대왕은 문자와 실제 입으로 내는 소리를 동시에 생각해서 문자와 문자 사용법을 만들어 낸 거야."

"이모, 가끔 어떤 디자인에서 한글을 풀어쓰기 한 거 본 적 있어요."

"사실은 근대에 들어 서양 문화, 특히 영어가 들어오면서 학자들 사이에서 한글을 영어처럼 풀어쓰기하자는 의견이 있었어. 실제로 실험하여 써 보이기도 했고."

"오랫동안 모아쓰던 글자를 왜 갑자기 풀어쓰자고 했나요?"

"당시에 영어가 급속도로 퍼졌는데 그 영향이 컸어. 영어처럼 풀어서 쓰면 더 빨리 읽고 쓸 수 있을 것 같았거든. 그리고 기계를 이용해 한글을 쓰기에 훨씬 쉬워진다는 이유도 있었어."

"어떻게요?"

"먼저 인쇄가 간편해지게 돼. 모아쓰기를 할 경우 2500~3000개의 활자가 필요한데, 풀어쓰기로 바꾸면 60개 정도의 활자로도 충분하거든. 그리고 타자기 개발과 사용도 편리해질 테고.

또 다른 이유는 맞춤법이 간단해지지 않을까 하는 점이야. 풀어쓰면서 받침

없이 소리 나는 대로 쓰게 되면 맞춤법이 쉬워지지 않을까 했지. 그렇게 되면 한자를 쓰지 않아도 될 거라고 생각했어. 그 당시에는 국어 운동가들이 한자 폐지 운동에도 앞장서고 있었거든. 한자를 쓰지 않아야 국어가 바로 선다고 주장했어.

하지만 현실적으로 풀어쓰기로 바꾸는 일은 쉽지가 않았어. 문제점도 많았고. 해방이 된 뒤에도 몇몇 남북한의 학자들이 풀어쓰기를 주장했지만 많은

1936년 《표준어사정집》에는 등록된 단어 옆에 풀어쓰기 한 단어를 함께 써 놓기도 했지.

지지를 받지는 못했어. 지난 550년 동안 사용해 온 한글 문화를 뒤엎는 것과 같았기 때문이야."

"그럼 한글이 풀어쓰기로 바뀔 뻔했다는 거네요!"

수진이의 말에 신스케가 고개를 갸웃했다.

"나는 무슨 말인지 잘 모르겠어."

"일본 글자는 모아쓰고 풀어쓰고 할 것이 없으니까 잘 이해가 안 될 거야."

"한글 모양 예쁘다."

마키코가 더듬더듬 말했다.

"와, 마키코! 모양이라는 단어 안 잊어 버렸네!"

한글 글자꼴의 변화

한글은 모아쓰기 한 글자라고 했지? 그래서 글자 모양이 한자처럼 네모 안에 들어맞는 형태였어. 그러다 보니 같은 ㄱ이라도 ㅗ, ㅏ 등 모음이 붙는 자리에 따라, 혹은 받침에 쓰일 경우 글자 모양이 좀 달라져.

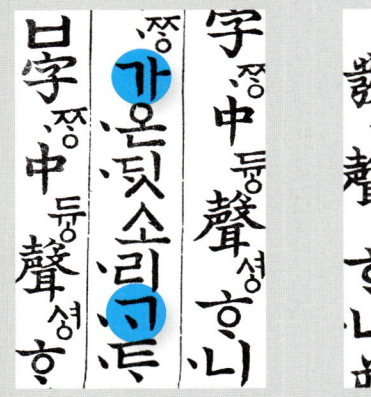 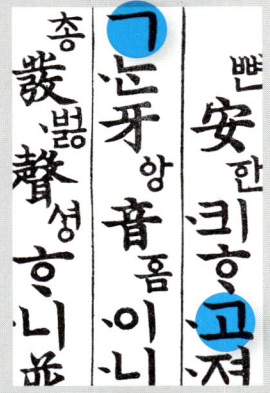 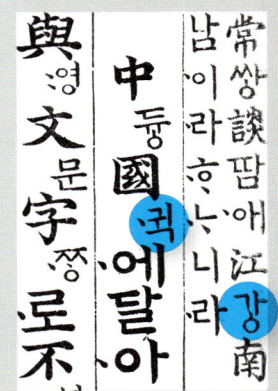

어떤 모음과 함께 쓰이냐에 따라 ㄱ의 모양이 바뀌는 게 보이지?

세월이 흐르면서 글자꼴은 조금씩 변해 왔어. 예전에 쓰이던 글자꼴과 요즘 쓰이는 것을 비교해 보렴.

낙성비룡 조선 후기	가	나	다	라	마
점책 19세기	가	나	다	라	마
말모이 1910-1914년	가	나	다	라	마
조선말본 1916년	가	나	다	라	마
신명조 20세기	가	나	다	라	마
윤명조 20세기	가	나	다	라	마

글자꼴이 시간이 지나면서 점점 변하는 걸 알 수 있어. 더 깔끔해지고 개성도 뚜렷한 글자꼴이 만들어졌지.

활자를 기계로 찍어내게 되면서 한글의 네모 모양이 처리 속도가 늦고 가로쓰기에 적절하지 않다는 문제점이 생겼어. 그러자 공병우 박사는 네모 모양을 벗어나려는 시도를 했어.

(1) 한글 활자의 특성상 초, 중, 종성 배열 위치의 제약의 불가피성 자음과 모음과 또 받침을 어느손으로 쌓게 배열하는가에 따라서 기계의 메카니즘이 달라지며, 아래에서 보는바와 같이 속도에 많은 영향을 미치는데, 한글 글자는 두 가지 방식으로 글자를 이룬다.

공병우 박사가 만든 한글 타자기 글자 모양이야. 네모 모양이 아니라 글자 조합에 따라 모양이 달라.

최근 들어서도 한글의 글자 모양은 꾸준히 개발되고 있어. 아래는 최근에 개발된 네모 모양이 아닌 글자들이야. 네모 모양에서 벗어났다는 의미로 '탈네모꼴'이라고 해.

탈네모꼴 한겨레결체
탈네모꼴 안상수체

이제 글자체는 개성을 담기 시작했어. 누구든 컴퓨터를 이용해 글자체를 만들어 쓸 수 있게 되었지. 많은 사람들이 새로운 글자체를 만들고 있어.

퐁당퐁당 돌을 던지자 동심체
영웅재중체   유노윤호체

위는 서예가 윤판기 씨가 개발한 동심체야. 어때? 손으로 동글동글 예쁘게 쓴 것 같지? 영웅재중체, 유노윤호체는 유명 가수의 글씨를 본떠 만든 거야.

드라마 주몽왕자체

주몽왕자체는 드라마의 제목 글자를 글자꼴로 개발한 경우야.
한글은 여러 곳에 디자인 주제로 활용되고 있어. 서체 연구가와 디자인 연구가 들은 한글이 독특한 모양 때문에 디자인 면에서도 아름다움과 개성을 충분히 발휘할 수 있다는 것을 보여 주고 있지.

: 한글을 이렇게도 쓸 수 있구나. 멋진 예술 작품이 되네!

: 너희들도 새로운 글자체 한 번 개발해 보는 게 어때? 수진체, 마키코체…….

: 야, 재미있겠다. 수진체! 다들 나보고 글씨 못 쓴다고 하는데 그게 개성이란 걸 보여 주겠어.

: 으이그, 개성이라는 단어가 없었으면 어쩔 뻔했니?

한글 모양을 응용해 만든 의자야. 디자이너의 아이디어가 돋보여.

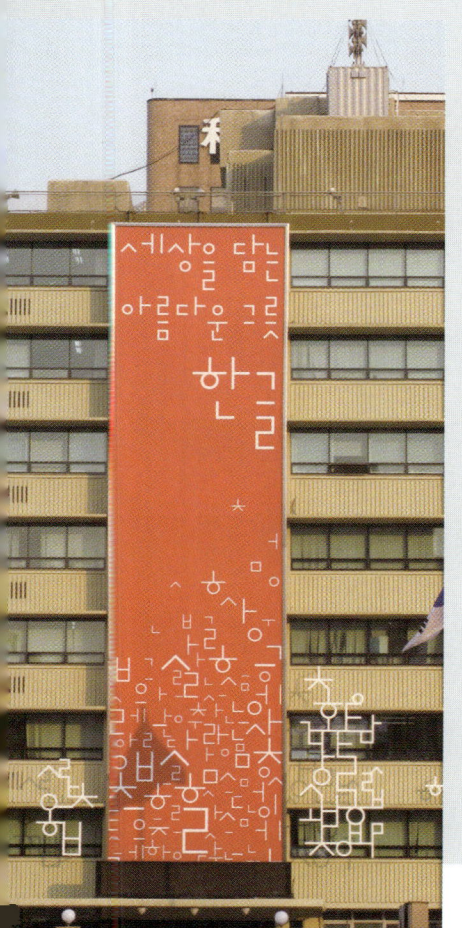

정보통신부 건물에 걸린 현수막이야.
한글을 이용해 멋진 디자인을 완성했어.

한글, 실제로 어떻게 얼마나 쓰였을까?

"오늘도 한글 이야기 함므니까?"

마키코가 제법 한국말을 했다.

"아유, 마키코 실력이 날마다 자라네."

"한글 이야기 재미있고 열심히 합니다."

"재미있어서."

수진이가 고쳐 주었다. 마키코가 다시 말했다.

"한글 이야기 재미있어서 열심히 합니다."

"수진이가 제법 유능한 선생님 같구나."

"당연하죠. 제가 가르쳐 준 말이 얼마나 많은데요! 그런데 이모, 한글이 실제로 많이 쓰였나요? 학자와 관리들이 반대해서 별로 쓰이지 않았을 것 같은

데……."
"아주 중요한 질문이야. 그렇게 시련을 겪으며 만들어진 한글은 실제로 얼마나 쓰였을까? 어떤 힘을 발휘했을까?"

"한글을 반포한 지 3년 만에 재미있는 사건이 하나 생겼어. 어떤 사람이 하 정승을 비난하는 글을 한글로 써서 벽에 붙인 사건이 발생한 거야.

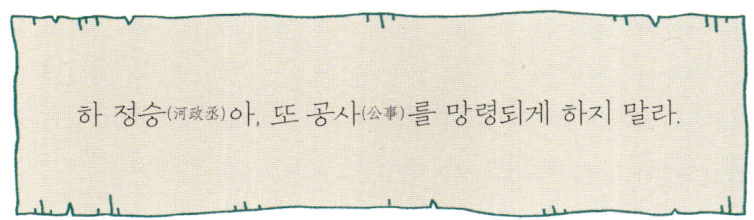

하 정승에게 나랏일을 똑바로 하라며 나무라는 내용이야. 이렇게 투서를 쓸 만큼 한글이 보급되었다는 거지. 이 글의 주인공인 하 정승은 한글 되게 싫어했겠지? 그런데 세종 임금은 어땠을까? 속으로 좋아하지 않았을까?"
"하하, 재밌어요."
"요즘 인터넷의 '악플' 같기도 해요."
"한글이 말 그대로 백성들이 두루 쓰는 글자가 되었느냐는 중요한 문제야. 사대부 양반이나 학자들이 한글을 못마땅해 했으니 실제로 한글이 쓰이기 쉽지 않았을 거라는 건 짐작할 수 있지? 세종은 그래서 더욱 한글 보급에 힘을 썼어. 자신이 왕위에 있는 동안 확실히 해 두지 않으면 자칫 공들인 일이 흐지부지될 수도 있었으니까."

"그럼 관리들이 한글을 배웠던 거예요?"

수진이가 물었다.

"조선 시대 헌법인《경국대전》에는 한글이 과거 시험 과목이라고 나와 있어. 또, 나라의 행정을 맡아보던 의정부에서는 관리들이 임금의 뜻을 한글로 백성들에게 알리자고 건의하기도 했어. 그만큼 관리들도 한글이 쉽고 편하다는 것을 인정했고, 많은 백성도 한글을 읽을 수 있었다는 의미지."

"백성들도 쉽게 쓸 수 있다는 말이 제대로 들어맞은 거네요."

"그래, 일반 백성들이 쓰지 못했다면 한글 창제에 무슨 의미가 있겠니? 백성들 모두가 두루 쓰는 글자…… 그래서 한글 창제를 '문자 혁명'이라고 하는 거야."

"정말 혁명이라 할 만큼 큰일이었네요."

"한글은 외교 때에도 쓰임새가 있었어. 경종 때 왕후 책봉 문제로 청나라에 사신을 보냈는데 청나라에서 트집을 잡아 거부했어. 그러자 사신 이이명은 그 사실을 한글로 써서 조정에 급히 알렸어. 외교 관리가 조정에 보내는 글을 한글로 쓴 것은 만일의 경우, 청나라 사람들이 읽을 수 없도록 하기 위해서가 아니었을까? 중국 사람들이 알지 못하는 문자는 비밀 유지의 기능도 할 수 있었을 테니까."

"하하하, 중국 염탐꾼이 편지를 훔쳐보아도 읽을 수가 없겠군요! 그것 참 재미

있네요."

"한자 문서는 우리말을 모르는 사람이라도 한자만 알면 뜻을 다 알 수 있었는데 한글은 비록 글자를 알아도 우리말을 모르면 해독이 불가능했겠지."

"참, 연산군이 한글을 탄압했다고 하던데요? 그래도 한글을 쓸 수 있었나요?"
"하하, 그렇게 알고 있는 사람들이 있지만 잘못된 이야기야. 누군가가 연산군을 비방하는 내용을 한글로 써서 방을 붙인 일 때문에 그런 이야기가 나온 거지. 알다시피 연산군은 우리 역사에서 폭군으로 알려져 있어. 어머니가 억울하게 폐비가 되어 사약을 받고 죽은 것에 대한 방황이었지.
투서 사건이 보고되자마자 연산군은 크게 화를 내며 당장 범인을 잡아 오라고 했는데 현상금이 어마어마했어. 한글을 아는 모든 사람들의 필적을 조사하며 범인 잡는 데 혈안이 되었지만 잡지 못했어. 그래서 한글을 사용하지 말도록 하고, 한글 아는 사람을 관아에 알리지 않는 사람은 처벌하라는 명을 내렸지. 하지만 그건 엄밀히 말해 한글을 탄압한 게 아니라 투서한 사람을 잡는 일이었어. 실제로 연산군은 역사책을 한글로 번역하거나 악장을 한글로 인쇄하기도 하고, 관청에서 일하는 사람을 뽑을 때 한글을 아는 여자로 뽑게 하는 등 한글 사용에 적극 힘썼거든."
"아, 연산군은 한글을 탄압하지 않았네요."

"한글이 널리 퍼지는 데 가장 많은 공을 세운 것은 바로 왕실 여성들이었어. 실록에 보면 중전이나 대비 등 왕실 최고 위층 여성들이 한글을 사용했고, 왕을 대신해 한글로 교지를 내렸다는 기록이 자주 나와. 남성 대신들도 한글로 중전이나 대비에게 답장을 썼고. 인목 왕후는 직접 한글로 된 문서를 핵심 권력 기관인 승정원에 내리기도 했어. 임금도 딸에게 보내는 사적인 편지는 한글로 썼어. 공주나 옹주 그리고 임금 들이 한글로 쓴 편지들이 많이 남아 있어서 한글의 쓰임새가 아주 넓었다는 것을 알 수가 있어. 양반들이 한글을 무시하고 한자만 썼다는 것은 터무니없는 말이야. 임진왜란 때에 선조가 백성들에게 쓴 글이 있어. 왜적에게 붙잡혔거나 빌붙은 백성들에게 죄를 묻지 않고 공에 따라 벼슬을 줄 수도 있으니 빠져 나오라고 권하는 글이야.

인목 왕후 한글 편지
선조의 왕비인 인목 왕후의 편지야.
한글로 쓴 병문안 편지란다.

　백성에게 이르는 글이라.
　임금께서 말씀하시되,

너희가 처음 왜놈들에게 휘둘려 다닌 것은 너희들 본 마음이 아니니, 나오다가 왜놈들에게 붙들려 죽을 것인가 여기며 도리어 의심받을까 왜놈들에게 끼어들었던 것이니 이제 너희는 그런 의심을 먹지 말고 서로 권하여 다 나오면 너희를 각별히 죄 주지 않을 뿐 아니라, 그 중에 왜놈을 잡아 나오거나 왜놈들이 하는 일을 자세히 알아 나오거나, 잡혀 있는 사람들과 함께 나오는 등의 공이 있으면 평민과 천민을 막론하고 벼슬도 할 것이니, 의심하던 마음을 먹지 말고 빨리 나오라.

한글 덕분에 임금의 편지를 백성이 직접 읽을 수 있게 된 거지. 시간이 흐를수록 이런 일은 차츰 더 많아졌어. 사대부 집에서도 여성들이나 어린이들이 남편이나 집안 어른들과 한글로 된 편지를 주고받은 게 많이 남아 있어.
한글을 적극 이용한 사람들 중에 문학가들도 빼놓을 수 없지. 시인들, 문장가들은 우리말의 맛과 멋을 한글로 마음껏 표현했어. 정철이나 윤선도 등 양반 사대부들도 한글로 문학 작품을 지어서 즐겼어.

우는 것이 뻐구기가, 푸른 것이 버들숲가
어이샤 어이샤
어촌 두어 집이 안개 속에 들락날락
찌그덩 찌그덩 어영차

말가한 기픈 못에 온갖 고기 뛰노나다.

➜ 윤선도 《어부사시사》 중 일부

우리말의 재미와 멋이 듬뿍 느껴지지? 배를 타고 나가 유유히 낚시하는 사람이 눈에 보이는 것 같아. 이 글을 쓴 윤선도도 사대부 선비였어.

이렇게 한글이 보급되면서 17세기 들어서는 이미 상당히 퍼졌고, 일반 백성, 사대부 집의 부녀자들도 한글 책을 읽고 직접 글을 쓰기도 했어. 그런 가운데 나온 글이 《계축일기》야. 이 글은 광해군 때의 뼈아픈 궁중 비극을 어느 상궁이 기록한 거야.

1613년, 광해군이 새어머니인 인목 대비를 폐위시킨 사건이 있었어. 그때 광해군은 왕위에 위협이 되는 어린 동생 영창 대군도 강화도로 귀양을 보냈지. 《계축일기》에는 당시의 안타까운 사건은 물론, 조선 중기 궁중의 풍속과 생활 모습 등이 잘 나타나 있어. 당시에 쓰던 우리말이 한글로 실감나게 표현되어 있어서 우리 역사의 중요한 순간을 생생하게 들여다 볼 수 있지.

이때쯤 해서 입으로만 전해 오던 이야기가 소설로 바뀌어 글로 옮겨졌어. 《흥부전》, 《심청전》, 《토끼전》, 《춘향전》 등이 대표적이지. 조선 후기 실학자 정학유는 1년간의 농사일을 시로 표현한 《농가월령가》를 짓기도 했어.

한글은 백성들 일상생활 구석구석으로 뻗어 나갔어. 한글은 백성들의 기쁨, 슬픔, 즐거움, 분노 등을 풀어내는 도구가 되었던 거야."

"한글은 펄펄 살아서 백성들 속으로 파고들었네요."

수진이 환하게 웃었다.

"실록 등 공적 문서들이 대부분 관습대로 한문으로 쓰인 건 사실이지만 그렇다고 한글이 무시당했다든가, 잘 사용되지 않았던 것은 아니야.

또 하나, 한글은 사람들에게 존엄성을 깨우쳐 주는 매개체가 되기도 했어. 일기나 시를 쓰며 자신의 생각을 글로 옮기게 되면서, 삶에 대해 돌아보고 자신의 가치와 의미를 생각하게 되었으니까."

마키코가 이모에게 차를 따라 주었다.

"고마워. 말을 많이 해서 목이 마르던 참이었어."

이모가 차를 마시자 수진이 일어섰다.

"자, 우리는 한글 공부하러 가자. 마키코, 한글로 일기 쓰기 해 왔지?"

"물론!"

"마키코, '물론'이라는 말도 아니? 대단하구나!"

마음을 담은 한글 편지

효종이 장모에게 쓴 편지

효종이 심양에 있을 때 장모에게 보낸 편지야. 함께 간 김상헌이 고생하고 있다는 내용을 담았어. 편지에 적힌 '청음'이 바로 김상헌의 호야. 1641년에 쓴 이 편지는 다른 나라에서 써서 우리나라로 보낸 최초의 한글 편지로 기록돼 있어.

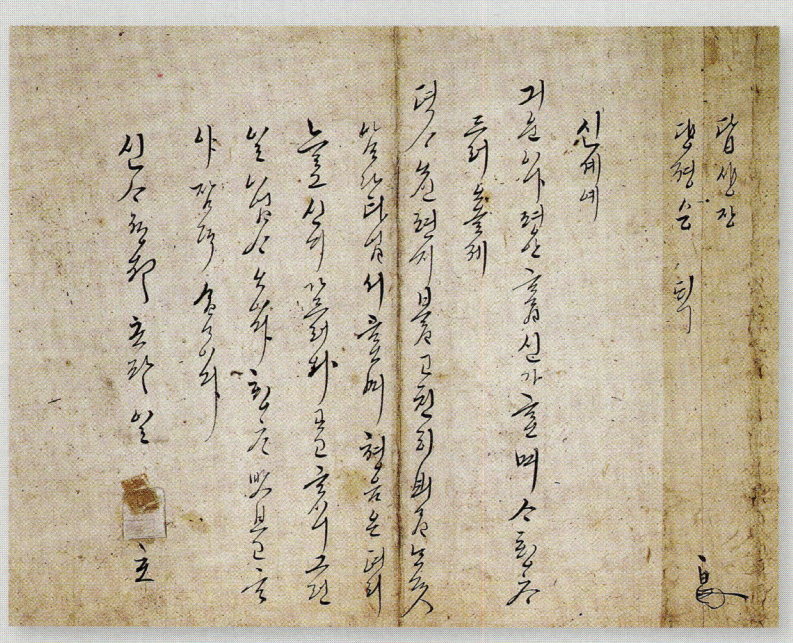

정조가 원손 시절 보낸 문안 편지

정조가 어렸을 때 외숙모에게 보낸 한글 편지야. 글씨가 큰 것도 있고 작은 것도 있고, 줄도 비뚤어졌네. 근엄한 왕에게도 어린 시절이 있었다는 걸 새삼 알게 해주는 편지라 재밌어. 가을바람에 평안한지, 뵌 지가 오래되어 그리웠는데 어제 편지를 받아 반가웠다는 내용이야.

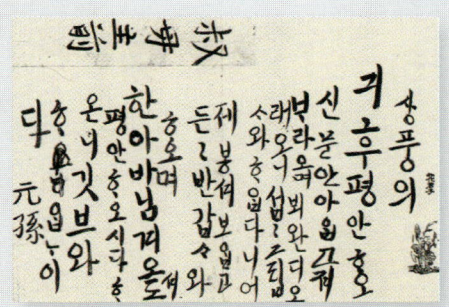

명성 황후의 편지

고종의 왕비인 명성 황후가 쓴 한글 편지야. 글씨가 생동감 있고 선이 아름다워. 친정 조카인 민영소에게 보낸 문안 편지야. 고종과 세자의 안부를 전하고, 민영소와 아내의 병세까지 묻고 있네. 1880년대에 쓴 것으로 알려져 있어. 편지지에 있는 그림과 예쁜 색깔이 참 곱다. 편지 뒤에 있는 분홍색 종이는 편지 봉투야.

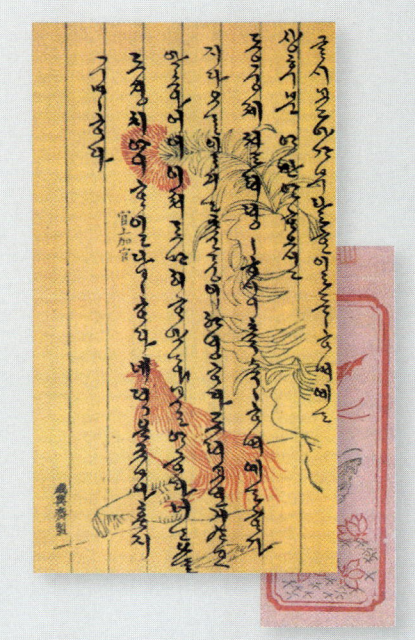

백성들은 한글을 어떻게 배웠을까?

"안녕하세요? 이거 드세요. 아버지가 선물입니다."

마키코가 과자 상자를 내밀었다.

"마키코, 어서 오너라. 발음이 아주 좋아졌구나. 그런데 '아버지가 주신 선물입니다.' 이렇게 말하고 싶었지?"

"네."

마키코가 얼굴을 붉히며 웃었다. 상자에는 작은 빵이 하나씩 예쁘게 포장되어 있었다. 이모가 차를 내왔다.

"우와! 정말 맛있어요!"

수진이가 호들갑을 떨었다. 신스케가 수진이에게 빵을 하나 건네주면서 물었다.

"그런데 옛날에도 학교가 있었나? 백성들은 어떻게 한글을 배웠어?"

"서당이라는 게 있었대. 이모, 그렇죠?"

"오늘은 아무래도 서당과 향교 얘기를 해야겠구나."

이모는 차를 한 모금 마시고는 이야기를 시작했다.

"일반 백성들은 한글을 어떻게 배웠을까? 국가에서 펴낸 한글 책들이 일반 백성들에게 다 돌아갈 만큼 많지는 않았을 거야. 그러면 지금 수진이가 마키코에게 가르쳐 주는 것처럼 글자를 아는 사람이 가르쳐 줄 수도 있었겠지? 처음에는 그렇게 알려지다가 차차 교육 기관에서 정식으로 가르쳤어. 옛날에도 학교가 있었으니까.

서당은 일반 백성들이 공부하던 학교야. 조선 중기부터 활발하게 생겨났지. 지체 높은 가문이나 마을에서 학자를 훈장으로 초빙하거나, 훈장이 직접 서당을 열어 마을의 학생들을 가르쳤어. 나라에서 관심을 가지고 실태를 파악하기도

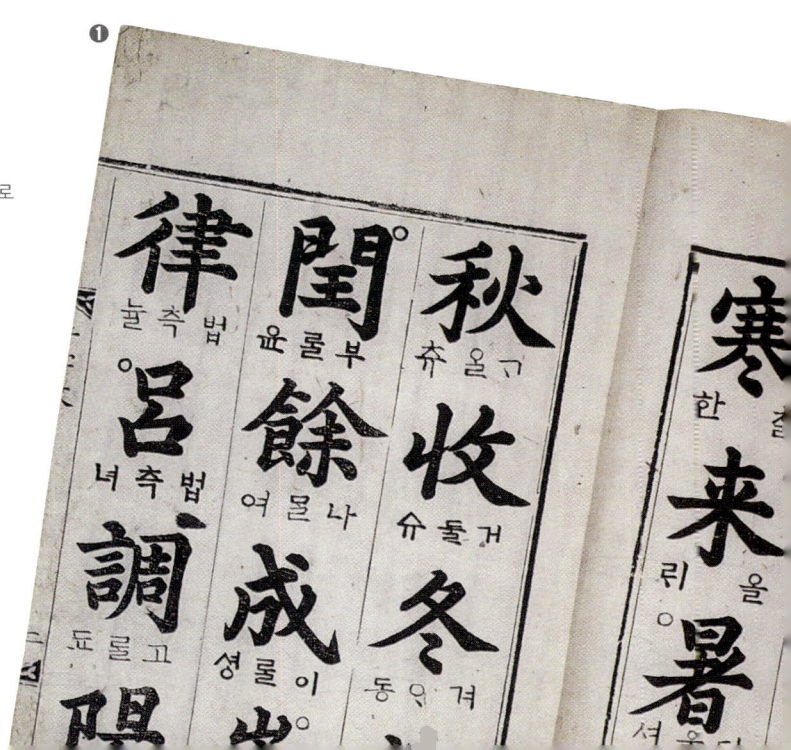

❶ 《천자문》 한자를 공부할 때 기본 교재로 널리 쓰였어. 한자 공부를 돕기 위해 한글로 뜻과 소리를 적어 놓았어.

❷ 《훈몽자회》 한자마다 한글로 소리와 뜻을 적어 놓았어. 생활 주변에서 흔히 볼 수 있는 사물에 관한 글자로 되어 있어서 한자는 물론 한글을 배우기에도 좋은 책이야.

했어. 국가의 통치 이념이 서당을 통해 백성들에게 교육되기를 원했거든.
서당에서는 한글을 어떻게 가르쳤을까? 서당에서 사용한 교재는 《천자문》, 《동몽선습》, 《소학》 등이야. 모두 한자와 한문을 익히기 위한 책이지."
"네? 한문책으로 어떻게 한글을 가르친 거예요?"
수진이의 질문에 신스케도 고개를 끄덕이며 이모의 대답을 기다렸다.
"서당에서 한글을 먼저 가르쳤거든. 비록 한자 학습을 쉽게 하기 위해서긴 했지만 한글 보급에 큰 역할을 했지. 한자를 배울 때 한글로 소리와 뜻을 달아 공부했어. 예를 들면 학생들이 天(하늘 천), 地(땅 지)처럼 써 놓고 외우는 거야. 그러고 나서 혹시 며칠 후 한자를 잊었더라도 한글로 '하늘 천'이라고 써 둔 것을

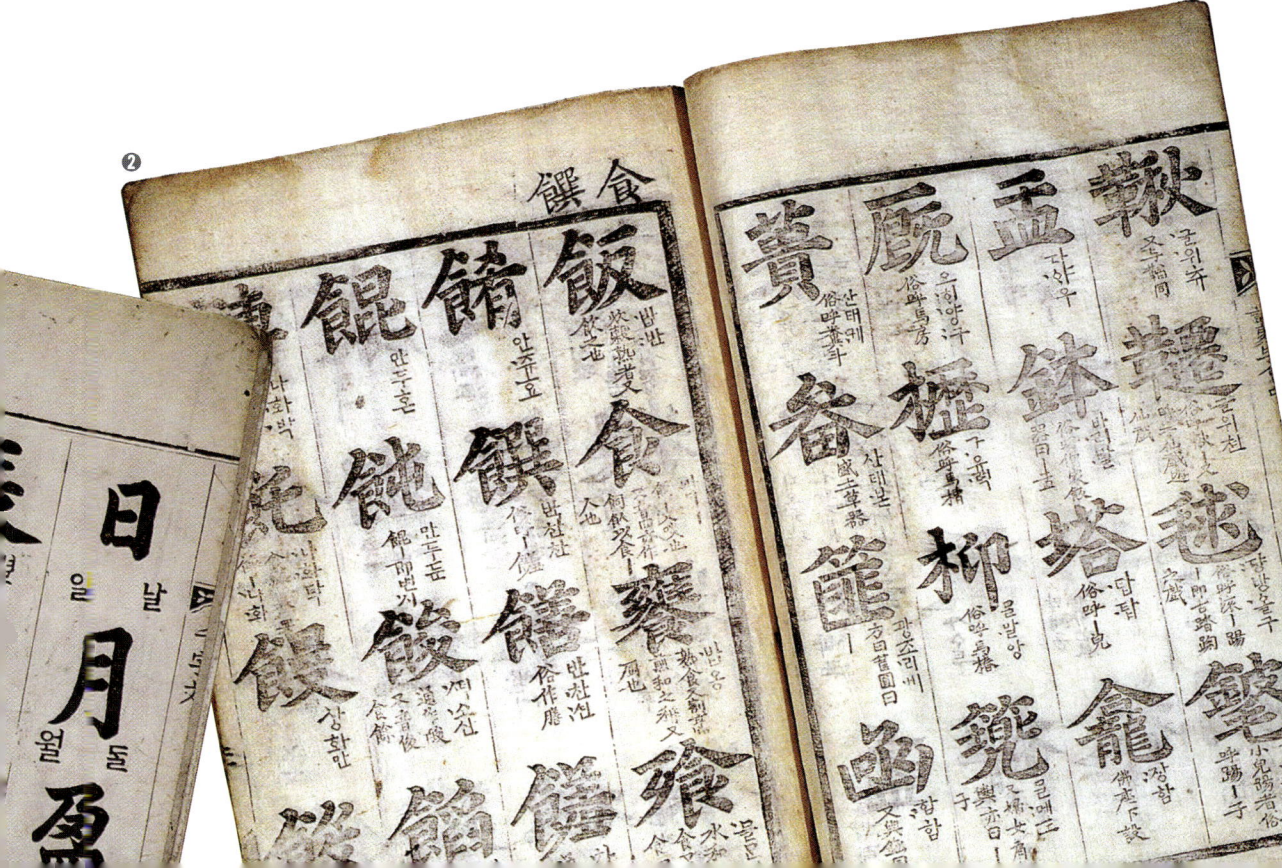

❷

보면 뜻을 알 수 있었던 거지. 한글은 한자보다 익히기가 훨씬 쉬웠으니까 말이야. 《동몽선습》이나 《소학》은 천자문처럼 낱글자가 아니라 문장으로 된 글인데 한글로 번역되어 있었어."

"처음에 한글을 반대했던 사람들이 알면 부끄러웠겠어요."

수진이가 입을 삐죽였다.

"어린이가 보는 책으로 최세진이 쓴 《훈몽자회》가 있어. 《천자문》 같은 한자 교과서가 너무 어렵기 때문에 새롭게 만든 교과서야. 이 책은 한자 3360자의 음과 뜻을 모두 한글로 달아 놓았지. 최세진은 이 책에서 다음과 같이 밝혀 놓았어."

언문 자모를 함께 기록해 그들로 하여금 언문을 먼저 익히게 하고 다음에 《훈몽자회》를 익히면 깨닫고 가르치는 유익함이 있을 것이다.

"이 책에는 '언문 자모' 칸이 따로 있어서 한글 자음·모음의 소리와 자음과 모음이 합쳐져서 한 소리를 나타내는 원리를 설명해 놓았어.

서당은 한글이 만들어지고 100년 쯤 지난 뒤에 생겨났는데 그때 이미 한글 교육이 기본으로 이루어졌던 거야. 그러니까 과거 공부를 하는 사람은 물론이고 기초 교육만 받은 이들도 모두 한글을 알고 있었겠지? 17세기부터는 평민들도 서당을 직접 운영할 수 있게 돼. 그래서 각 고을마다 아무리 적게 잡아도

30여 개의 서당이 있었다고 해. 실제로 노비 계층이 사는 반촌 등에도 서당이 있었어."

"노비들도 서당에 다니며 글을 배웠다고요?"

"나는 노비들은 글을 전혀 몰랐을 거라고 생각했는데!"

"교육열과 학구열은 그때도 대단했나 봐. 한글의 위력이기도 하고. 그러다가 19세기에 들어 서당의 수는 더욱 늘어나. 고종 때는 고을의 규약을 한글로 만들어 사용할 정도로 한글이 널리 보급되어 있었어.

서당 말고 국가 교육 기관으로 향교가 있었어. 향교는 서당을 마친 16세 이상의 학생들이 다니는 곳이야. 조선의 법전인 《경국대전》에 보면 '《삼강행실》을 한글로 번역하여 양반 가문의 가장이나 원로, 향교에서 가르치는 교수, 훈도들로 하여금 어린이나 부녀자에게 가르치게 하라.'고 적혀 있어.

교수는 큰 지방의 향교에서 가르치는 선생님이고, 훈도는 작은 지방의 향교에서 가르치는 선생님이야. 이런 사람들에게 한글로 된 《삼강행실》을 가르치라고 지시했으니, 백성들을 가르치기 위한 정책으로도 국가가 한글 교육을 적극 권장했던 걸 알 수 있지.

조선은 향교를 중요한 교육 기관으로 생각했어. 향교를 제도 아래 관리했을 뿐 아니라 향교의 성과에 따라 그곳 수령의 승진이 좌우될 정도였어. 그건 향교를 통한 한글 교육과 보급이 전국 각지에서 체계적으로 이루어졌다는 의미이기도 해."

〈서당〉 조선 시대 서당을 그린 김홍도 그림이야. 훈장님이 있고 아이들이 책을 펼쳐 놓고 앉아 있어. 아마 저 책에도 한글로 소리를 적어 놓았을 거야.

한글의 이름은 원래 '한글'이었을까?

한글이 처음부터 '한글'로 불리지는 않았어. 그럼 뭐라고 했냐고? 훈민정음, 정음, 언문, 반절, 언서, 언자, 국문 등 많은 이름이 있었지. 그 외에 속되게 부르는 말로 암클, 중글, 아랫글, 아햇글 등도 있었는데 각각 여자, 중인, 하층민, 아이들이 쓰는 글자라는 뜻으로 낮춰 부른 거야. 이 중에 가장 널리 쓰인 것은 '언문'이었어. 이 말은 고유 명사가 아니라 일반 명사로서 '말소리를 나타내는 글' 정도의 뜻을 가지고 있어. 우리나라에서 '글을 안다'고 하면 '한글을 안다'고 하는 것이고, 미국에서 '글을 안다'고 하면 '영어를 안다'는 뜻으로 해석되는 것처럼 언문은 '글'을 일반적으로 부르는 말이지.

언문이 '국문'이라는 이름을 얻게 된 것은 갑오개혁 때의 일이야. 한글이 만들어진 지 450년 만의 일이지. 1894년 7월 9일, 공문서에 쓰이는 외국의 국명, 지명, 인명을 모두 국문으로 쓰라는 법령이 발표되었어.

> 법률 칙령은 모두 국문으로 삼되, 한문을 덧붙여 번역하거나 국한문을 혼용할 수 있다. ➨ 공문서와 관련한 칙령 제1호 〈공문식〉 제14조

정부는 외교부에 번역을 맡아 하는 부서를 두고 외국 문서의 국문 번역, 국문 문서의 외국어 번역을 진행했어. 관리를 뽑을 때도 국문으로 시험을 보고, 사법관 교육에도 국문 작문이라 하여 글짓기가 등장했어.

그럼 '한글'은 언제부터 불린 이름일까? 국어학자 주시경은 1910년 국어를 '한나라말', 국문을 '한나라글'이라 바꿔 불렀는데 이로부터 한말, 한글이라는 말이 만들어졌어. 한글의 '한'은 대한제국의 한(韓)을 의미해. 한글은 대한 제국의 글자라는 뜻이지.

그 후 주시경의 제자들을 중심으로 우리말과 글을 연구하는 단체인 조선어학회가 생겼어. 조선어학회는 '한글'이라는 이름을 확산시키는 데 몹시 애를 썼어. 그때는 이미 한일병합이 된 다음이라 우리글을 국문이라 할 수가 없었어. 일본 글을 국문이라고 했거든. 그래서 더욱 '한글'이라는 이름을 사용함으로써 우리글을 드러내고 독립의 의지를 불태우지 않았을까 싶어.

시대 상황이 그렇다 보니 '한'에는 여러 가지 의미가 부여되었어. 고유어 '한'에 '큰, 하나'의 뜻이 있다는 사실에 착안해서 한글에 큰 글, 위대한 글, 하나의 글, 유일한 글 등의 의미를 부여한 거지. 여기에서 우리글을 지키고자 하는 의지를 읽을 수 있어.

홍범 14조
고종은 우리나라 최초의 헌법인 홍범 14조를 선포하면서 국문, 국한문, 한문 세 가지로 발표했어. 공문서에서 우리말이 공식적으로 의사소통의 중심에 서게 되었음을 알리는 사건이야.

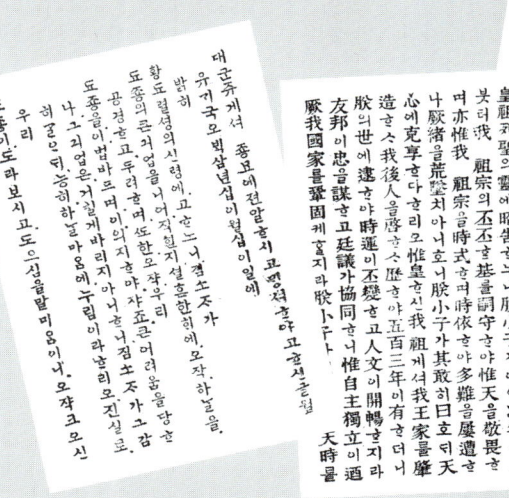

한글, 날개를 달다

"이 책 빌려가도 돼?"

신스케가 호랑이가 그려진 동화책 한 권을 펴 보다가 수진에게 물었다. 옛이야기 책이었다.

"물론이지. 무척 재미있어."

"너희들, 이야기 좋아하지?"

이모가 자리에 앉으며 물었다.

"그럼요. 이야기는 항상 재미있잖아요."

"나도 이야기 좋아합니다."

마키코가 말했다. 이모가 맷돌이 그려진 그림책 한 권을 뽑아 마키코에게 주었다.

"마키코, 하루하루 말이 느는구나. 이 책 한 번 읽어 보렴. 재미도 있고 한국말 공부도 될 거야."

"네, 간사합니다."

"하하하, 간사합니다가 뭐야! 감 사 합 니 다."

수진이가 까르르 웃었다.

"하하, 나도 처음엔 '간사합니다'라고 했어."

신스케가 '간사하다'란 말의 뜻을 설명해 주었다. 마키코가 얼굴이 빨개지며 말했다.

"조심하는 말입니다."

"조심해야 하는 말이지. 하하하."

"너희들이 이야기를 좋아하는 것처럼 조선 시대 사람들도 그랬어. 자, 오늘은 이야기책에 대해 알아보자. 한글이 날개를 달게 된 건 사실 소설 덕이 커. 사람들은 이야기를 좋아해. 그래서 입으로 전해지거나 한문으로 썼던 이야기들은 한글을 만나 빠르게 퍼졌어. 한글로 소설을 찍어 내고, 더러는 베껴 써서 널리 퍼지게 된 거지. 한글은 지식이나 정보, 이야기를 누구나 읽을 수 있게 한 획기적인 도구였어.

만약 고려의 금속 활자가 만들어졌을 때 한글이 있었다면 일반 백성들도 전부 글자를 알게 되고 책을 볼 수 있게 되었을 텐데. 만약 그랬다면 우리 문화는 훨씬 더 일찍 꽃을 피웠을 거야."

"하긴 예전부터 금속 활자가 있어도 한글이 있기 전에는 읽기 힘든 한자만 찍어냈을 테니 일반 백성들과는 상관이 없었겠어요."

수진이 신스케를 돌아보자 신스케가 고개를 크게 끄덕이며 마키코에게도 말해 주었다.

"많이 아쉽지. 그런데 한글 소설과 관련해서 《설공찬전》 사건이 있었어. 채수라는 사람이 소설 《설공찬전》을 썼다는 이유로 엄벌을 받았어. 죽은 누이의 영혼이 남동생에게 들어가 병들게 한다는 내용의 소설이었어. 조정은 터무니없고 황당한 이야기로 백성을 어지럽혔다는 이유로 채수에게 벌을 내렸지. 처음에는 사형이 내려졌어. 그런데 '만약 이 사람이 죽어야 한다면 《태평광기》, 《금오신화》를 지은 자도 모조리 죽여야 하겠습니까?'라는 누군가의 주장 덕에 사형만은 면하게 했다는 기사가 《중종실록》에 나와. 한글이 만들어진 지 60여 년밖에 지나지 않은 때의 일이었지."

"《금오신화》도 좀 허황한 내용이잖아요."

수진이가 고개를 갸우뚱했다.

"그래, 당시에 《전등신화》, 《금오신화》 등 허황한 내용의 한문 소설이 여럿 나와 있었지. 그런데 《설공찬전》만 큰 벌을 받은 것은 다른 소설과 달리 이 이야기가 한글로 번역됐기 때문이야. 그러다 보니 순식간에 퍼져 많은 백성들이 읽게 되었지. 이 책은 당시 조정에서 모두 거두어 없애 버렸는데, 최근에 누군가 몰래 숨겨 둔 소설의 일부가 발견돼 화제가 되었어."

"정말 재밌었나 봐요. 나라에서 금지해도 숨겨 두고 읽었다니 말예요."

"우리는 여기서 중요한 것을 알 수가 있어. 바로 창제 후 60여 년 쯤에 이미 일반 백성들이 소설을 신나게 읽을 정도로 한글이 빠르게 보급되었다는 점이야."

"아, 그렇군요."

"이참에 하나 알고 넘어갈까? 최초로 한글로 지은 소설이 뭔 줄 알아?"

"잘 모르겠어요……."

수진이가 말끝을 얼버무리며 신스케 눈치를 보았다.

"바로 허균이 쓴 《홍길동전》이야."

"아, 홍길동전! 신스케, 너도 알지?"

"홍길동! 알아요. TV에서 봤어요. 아주 재미있었어요."

신스케가 벌떡 일어서며 아는 척했다.

"흥분하지 마."

수진이가 신스케를 끌어 앉히자 마키코가 킥킥 웃었다.

"그래. 영화로도 드라마로도 여러 번 만들어졌지. 《홍길동전》은 재미도 있지만 당시 사회의 모순에 대한 비판과 문제 제기도 담고 있거든. 적자와 서자의 차별을 없애야 한다는 등 작가가 자신의 생각을 이야기 속에 풀어낸 거지. 거기에 나오는 사회 개혁에 대한 생각은 당시로서는 무척 놀라운 수준이었어. 아마 《홍길동전》이 백성들에게 끼친 영향이 상당했을 거야."

"그럼 《홍길동전》을 읽은 사람들은 그런 사회 문제를 깨닫게 되었겠네요?"

《홍길동전》
최초의 한글 소설로 알려졌어.
그런데 《홍길동전》이 최초의
한글 소설이 아닐 것이라는
주장도 있어.

"그렇지! 상류층의 사대부 양반과 학자들이 백성들은 문자를 알 필요가 없다고 했던 것을 생각해 봐. 어쩌면 한글을 반대했던 이들은 이런 백성들의 깨우침을 두려워한 것이 아닐까?

이렇게 1600년 즈음에 양반이 당대 사회를 비판하는 소설을 쓸 정도로 한글은 중요한 역할을 했어.

17세기에 들어서는 강독사가 등장해 인기를 끌었어. 소설을 읽어 주고 돈을 받는 사람이야. 또 한글 소설이 점차 늘어나면서 세책과 방각이라는 새로운 유통 방식이 등장했어. 세책은 책을 베껴 쓴 다음에 돈을 받고 빌려주는 거야. 요즘 도서대여점이나 도서관에서 책 빌려보는 것과 비슷하지. 이렇게 책을 빌려 주는 곳을 세책가라고 하는데 이용자 수가 엄청 많았어. 한글에 날개를 달아 준 최고의 공로자로 볼 수 있을 정도야. 방각은 책을 손으로 쓰는 것이 아니라 판매하기 위해 책방 등에서 목판을 이용해 대량으로 찍어 내던 방식이야. 이건 지금으로 치면 책을 출판하는 것이라고 볼 수 있어.
세책가는 대여비를 더 많이 받기 위해 한 가지 이야기를 여러 권으로 나누어 묶기도 했어. 그런데 도둑이 제 발 저린다고, 책 뒤에다 '돈을 더 벌기 위해 책을 쪼개는 것이 아님'이라고 쓰기도 했대."
"정말요? 하하하. 웃겨."
신스케과 수진이 똑같이 웃음을 터뜨렸다. 마키코가 영문을 몰라 신스케 팔을 툭 쳤다. 신스케가 아야, 하며 얼른 통역해 주었다. 뒤늦게 마키코가 웃음을 터뜨리자 그 때문에 수진이가 또 까르르 웃었다.
"웃음이 절로 나는 대목인데 어쨌든 세책이 상당히 널리 퍼져 있었던 것을 짐작할 수 있어. 그런데 이 세책이 사회 문제가 되기도 했나 봐. 정조 때 영의정을 지낸 채제공이 이런 글을 썼어."

근세에 여자들이 서로 다투어 능사로 삼는 것이 소설을 숭상하는 일이다. 소설은 날로 달로 증가해 그 종류가 이미 백 종 천 종이 될 정도로 엄청나게 되었다. 세책가는 이를 베껴 써서 빌려 주고 이익을 남긴다. 부녀들은 식견 없이 비녀나 팔찌를 팔고 혹은 돈을 빚내어 빌려 읽으며 소일하니, 음식이며 술을 어떻게 만드는지, 베 짜는 임무도 모르게 되었다.

그런데 부인은 홀로 습속의 변화를 탐탁지 않게 여기고 집안일 틈틈이 읽고 외는 게 오직 여성 교훈서였으니 가히 규중의 모범이 된다고 할 것이다.

▶ 《여사서》 서문 중에서

"이 글은 채제공 아내가 지은 《여사서》 서문에 있는 글이야. 채제공은 젊은 나이로 죽은 아내를 기리며 아내가 다른 여인과 달리 모범적이었다는 것을 칭찬하고 있어."

"그런데 비녀를 팔아 책을 빌려 봐요?"

"그러게 말이다. 이 글을 보면 당시 일반 백성의 상당수가 한글을 알고 있는 건 물론이고, 심지어 여성들이 집안일에 소홀할 정도로 한글 책을 즐기고 있었다는 걸 알 수 있어."

"19세기 후반부터는 사회 모든 계층이 한글 소설과 세책 문화를 누렸던 모양이야. 세책 소설의 이면지에 남아 있는 세책 장부에서 그 흔적을 찾을 수 있어. 세책 장부란 책을 빌려간 사람과 사는 곳, 대출한 날짜 등이 쓰여 있는 기록인데 거기에 보면 최고위층 벼슬아치들도 있었어. 판서나 참판처럼 일반 관리들이 있고, 참서나 판사, 순검처럼 관공서에서 일하는 사람도 있어. 오위장은 무관의 벼슬이야. 현방은 악기 만드는 사람, 입방은 모자 만드는 사람이고,

전당포나 설렁탕집처럼 상인들도 있네. 광제 방 소사, 신무외 김 소사처럼 '소사'가 붙은 건 부녀자들이야. 그런데 여기서 놀라운 사실! 월주가 삼룡이, 월천곡 최무쇠 같은 노비들 이름도 있다는 거야."

"노비까지요? 옛날 사람들 독서열이 아주 대단했나 봐요."

"모르긴 해도 요즘 사람들보다 더 했을 걸. 책을 빌리면서 낸 물건도 재밌어. 현금은 물론이고, 반지, 귀고리, 놋그릇, 대접, 우산, 외투 등을 내기도 했어."

"정말 체제공이란 분이 걱정할 만도 하네."

"한글 보급의 공로자가 또 있는데 바로 천주교 교리서야. 1801년 수많은 천주교도가 처형당한 신유박해가 일어났어. 그때 죄인을 심문하던 관리가 '서민이라도 삼사십 권의 천주교 서적은 가지고 있으니 책을 숨긴 곳을 말하라.'며 다그친 기록이 나와. 천주교도들 사이에 한글 교리서의 출판과 유통이 상당히 활발했음을 보여주고 있어.

1864년에는 목판 인쇄소 두 곳에서 교리서를 펴냈어. 드디어 나라가 아닌 개인이 하는 출판사가 등장한 거야. 그만큼 한글 교리서를 읽고 싶어 하는 사람들이 늘어났다는 증거이기도 해. 그뿐만 아니라 1881년에는 동학의 경전인 《용담유사》가 한글로 간행됐어. 종교와 사상에 대해 한글로 교리서를 출간할 정도로 한글이 백성에게 널리 보급되었다는 뜻이야. 이미 한글의 시대가 된 거야."

외국인이 본 한글과 우리나라

조선 후기쯤에는 많은 사람들이 한글을 알았던 것 같아. 이 무렵 조선에 대해 쓴 서양인의 책에서도 한글이 얼마나 보급되었는지 알 수가 있어. 영국의 작가이자 지리학자인 이사벨라 버드 비숍의 책에 나와 있는 글이야.

한강 유역의 하층민들이 한글을 읽을 수 있다는 사실을 알고 놀랐다. 한 러시아 장교로부터 들었는데 조선 북부 지역을 여행하면서 마을마다 서당이 있고, 읽고 쓰지 못하는 조선인을 만나는 것은 드물다고 했다.
➤ 《조선과 그 이웃 나라들》(1897년)

비숍은 우리나라 사람들이 대부분 글을 알고 있다는 것에 놀라고 있어. 또 캐나다에서 온 선교사 제임스 스카스 게일이 쓴 책에도 비슷한 내용이 있어.

❶ 《조선과 그 이웃 나라들》
이사벨라 버드 비숍은 1894년부터 5년 동안 조선을 여행하고 이 책을 썼어. 외국인이 쓴 조선 여행기 중에서 가장 자세하고 객관적으로 쓰여 있어. 우리말로 번역되어 있어.

❷ 《서당 풍경》
영국 화가 엘리자베스 키스가 일제 강점기에 우리나라를 방문해 그린 그림이야. 아이들이 서당에서 공부를 하고 있어. 서당에서는 한글 교육과 한자 교육이 동시에 이루어졌지.

전혀 교육을 받지 못한 사람도 한 달 남짓 공부하면 성경을 읽을 수 있다. 중국이나 인도에서는 1,000명 중의 한 명이 읽을 수 있는 데 조선에서의 읽기는 거의 보편적이다. ➜《전환기의 조선》(1909년)

읽기가 보편적이라는 말은 웬만한 사람들이 다 읽을 수 있다는 뜻이야. 이것은 당시 조선의 한글 보급 정도에 관한 중요한 증언이야. 어리석은 백성이라도 능히 읽고 쓰기 쉬운 글자, 한글은 백성들의 삶을 엄청나게 바꾸어 놓았던 거야.

한글 살아남기

"선생님, 한글이 우리 일본 때문에 없어질 뻔했다고 하던데 정말이에요?"
마키코가 일본어로 묻자 신스케가 통역했다.

"마키코가 질문했으니 오늘은 그 이야기를 해 볼까? 자, 너희들이 한자리에 있으니 좀 심각한 이야기가 되겠구나. 한글이 일본 때문에 수난받았다는 건 사실이야. 1910년 한일병합 이전부터 우리나라에서 권력을 장악한 일본은 한국의 모든 교과서를 일본어로 만든다는 방침을 세웠어. 그 당시 신문을 한번 보자."

> 한국 어린이에게 일본어 교과서를 익히게 하는 것은 어린이의 뇌수를 뚫고 일본의 혼을 불어넣고자 함이라. ➳ 〈대한매일신보〉 1906년 6월 6일자

"어쩌다 이런 일이 벌어진 걸까?"

이모가 모두에게 묻자 수진이 대답했다.

"저도 일본이 우리말을 못 쓰게 한 건 알지만 왜 그랬는지는 잘 모르겠어요."

"먼저 당시 한글이 어떤 역할을 했는지 살펴보자. 조선 왕조를 이은 대한 제국의 고종 황제는 1894년에 모든 공문서의 바탕 글자를 한글로 쓰라는 칙령을 발표했어. 한글이 꽤 보급되었어도 주요 문서 기록의 자리에서는 늘 한자에게 밀려 있던 한글이 드디어 나라글의 지위를 차지하게 된 거야. 세종 대왕이 한글을 만든 지 450년 만의 일이었어. 참으로 오래 걸렸지?"

"450년이라니, 정말 긴 시간이네요."

수진이가 어느 때보다 진지한 표정이 되었다.

"그렇지. 양반 관료들의 사고방식에 그만큼 한자의 뿌리가 깊었던 거야. 칙령에는 한글로 쓴 문서를 기본으로 하고, 이를 한문으로 번역한 문서를 덧붙일 수 있다는 단서를 붙였는데 중심은 어디까지나 한글이었어. 이후 공식 문서뿐 아니라 일반적인 글쓰기도 한글 중심이 되었어.

그에 맞춰 독립운동가 서재필은 〈독립신문〉을 발간하면서 순 한글만으로 신문을 만들었어. 역사상 처음으로 한글 신문이 탄생한 거야. 이 신문은 창간사에서 '글을 모두 언문으로 쓰는 것은 남녀 상하 귀천이 모두 보게 함이요, 또 구절을 띄어 쓰는 것은 알아보기 쉽도록 하기 위함이라.'라고 했어. 신문 기사를 쉬운 한글로 써서 더 많은 사람이 보게 하려는 뜻이었지.

그런 시기에 한국의 교과서를 일본어로 한다니, 사람들이 가만히 있지 않았지. 여기저기서 반대 여론이 들끓었어. 그러자 일본은 국어(일어독본)와 이과 교과서만 일어로 하고 나머지는 일어와 우리말을 함께 발행한다고 한 발 물러섰어. 하지만 1910년 한일병합으로 대한 제국이 일본에 넘어가자 곧바로 모든 교과서는 일본어로 발행되었고 우리말은 외국어처럼 취급되었지. 한국 사람들의 항의 같은 건 이제 먹혀들지 않았어. 주권을 빼앗겼으니까. 그 후 행정과 법률 등 모든 문서는 일본어로 작성되었어. 즉 일본어가 우리나라의 국어가 되어

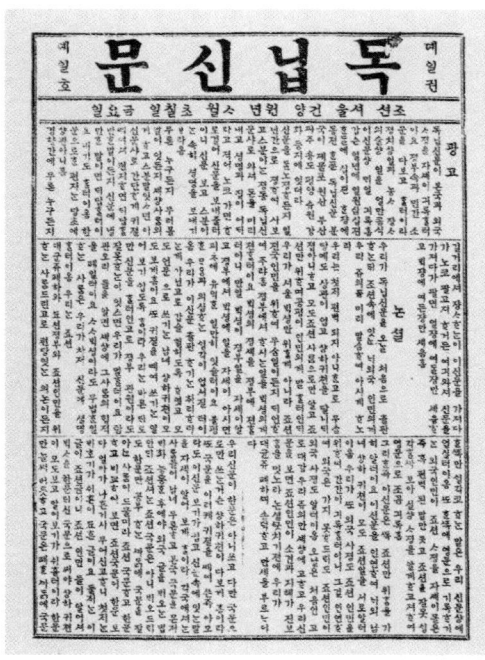

〈독립신문〉
우리나라 처음으로 민간에서 발행한 신문이야. 전부 4면이었는데 3면은 한글만으로 기사를 쓰고, 마지막 장은 영문판으로 편집했어. 창간 1년 뒤에는 한글판과 영문판을 나누어 따로 발행했고.

버린 거야. 한글이 나라글로 선포된 지 불과 16년 만에 말이야."

"450년 만에 국어가 되었는데 다시 자리를 빼앗겼네요."

"안타깝게도 그런 셈이지. 그런데 당시 우리나라는 너무나 가난했어. 그 때문에 사람들은 학교에 못 가는 경우가 많았어. 그러니 일본어 교육도 못 받았지. 그래서 일상 언어는 그대로 우리말이 쓰였어."

"학교 못 다닌 걸 다행이라 할 수도 없고, 참."

수진이가 고개를 저으며 말했다.

"하지만 교육, 행정, 법률, 학술 등에서 밀려난 우리말과 한글을 생각해 봐. 지식인의 언어와 문자가 아닌 이류 언어, 이류 문자가 되었어. 역사적으로 볼 때 중심에서 밀려난 언어와 문자는 서서히 사라지게 되어 있어. 그 무렵의 우리말과 한글이 그런 위험에 처했어.

지금도 상급 학교에 진학하려면 시험 과목을 열심히 공부하잖아. 시험 과목에 들지 않는 과목은 자연히 소홀해지고. 그 당시 학교에서 우리말 과목이 그랬어. 우리말과 글이 학교 수업에서는 필수 과목이었지만 입시 과목에 없었기 때문에 실제로는 무시되었던 거야. 상급 학교에 가고 싶은 학생들은 우리말과 글을 배우는 시간에 다른 입시 과목을 공부하고 싶었을 거고, 진학하지 않는 학생들은 배울 필요가 없었지.

조선 총독부는 입시는 물론이고 각종 공무원 시험, 자격증 시험, 공문서 등에서 우리말과 한글을 빼버림으로써, 사람들 스스로 우리말을 포기하게 하려는 정책을 썼던 거야."

"그럼, 그때 학교에 다닌 사람들은 스스로 한글과 우리말을 버렸어요?"

"아니, 일상 언어는 그대로 우리말이 더 많이 쓰였지. 하지만 한글을 사용할 기회가 그만큼 줄었겠지? 그러다가 일본은 1922년 조선교육령을 발표했어."

> 보통 교육은 보통의 지식 기능을 주고
> 특히 국민 된 성격을 함양하며 국어를 보급함을 목적으로 한다.
> ➔ 조선교육령 제1장 강령 제5조

"그런데 이때의 국어는 일본어를 말해. 그러니까 식민지인 우리나라에 일본어를 널리 퍼트리는 것이 교육의 중요한 목표였다는 거야. 이어서 조선인의 일본어 실력을 빨리 향상시키라는 총독부의 지침이 내려졌어. 그러자 일본어를 일상 언어로 쓰게 하려고 각 학교가 경쟁을 하게 되면서 수업 중 우리말을 한 학생에게 벌을 주거나 정학을 내리기도 했어. 그런 일이 신문 기사에 자주 오르내릴 정도였지. 1940년 2차 세계 대전이 확대되면서부터는 탄압이 더욱 심해졌어."

수진, 신스케, 마키코의 얼굴이 굳어 갔다.

"이런 이야기 처음 들어요."

신스케가 낮은 목소리로 말했다.

"신스케랑 마키코는 이런 이야기를 들을 기회가 없었을 거야. 한글의 역사를 공부한다고 생각하렴."

"그 후 일본은 학교 교육을 받지 않는 한국 사람에게도 일본어를 가르치기 시작했어. 한국 사람들을 일본 천황에 충성하는 백성들로 만들기 위한 거야."

"그렇게 해서 한글이 점차 사라져 갔어요?"

마키코가 물었다.

"그건 아니야. 다행히 그런 와중에도 지식인들을 중심으로 한글 보급 운동이 계속되었어. 조선어학회는 학교 교육과는 별도로 여기저기서 한글 강습회를 열었고, 그것을 통해 문맹 퇴치 운동을 벌였어. 각 신문사들과 문학인들도 한글 강습 활동을 적극 지원했어. 한글을 살리려는 목적도 있었지만 우리나라 사람들의 의식을 깨우는 데 더 큰 목적이 있었어. 말과 글은 곧 정신이니까 말이야.

한글 강습회 등은 1938년부터 모두 금지되었지만 그래도 학자들은 '한글 맞춤법 통일안'을 발간하고 외래어 표기법 통일안을 제정·출판하는 등 한글의 어문 규범과 관련한 사업을 마무리했어. 1942년부터 시작된 일본의 조선어 말살 정책으로 조선어학회가 강제 해산될 때까지 한글 보급과 연구는 계속되었던 거지."

"한글이 참 힘든 시련을 겪었네요."

수진이가 한글 책을 펴 보며 말했다. 신스케가 고개를 갸웃하며 물었다.

"그런데 얼마 전에 한국이 영어를 또 하나의 국어로 하려 한다는 말을 들었는데요. 일본어를 국어로 하는 것에 그렇게 반대했던 한국이 왜 스스로 영어를 국어로 하려고 하지요?"

"신스케가 아픈 데를 찌르는구나. 몇몇 사람들이 잠시 그런 생각을 했나 본데 그건 말도 안 되는 부끄러운 생각이야. 언어란 단순히 의사소통하는 도구가 아니라 그 안에 정신과 문화가 깃들어 있는 건데 말야. 1930년대에 우리말과 글을 지키려 했던 것도 그 때문이었고."

"맞아요. 어렵게 지킨 우리말인데……."

수진이가 말도 안 된다는 듯한 표정으로 말했다.

"유네스코에서 소수 민족들의 말이 사라지지 않도록 글자를 보급하는 것도 그런 이유야. 자기네 글자가 없으니 한글이나 다른 표기를 쓰더라도 말은 살려 놓으려는 거지. 내 나라 것이 아니어도 다양한 언어와 문화는 인류의 중요한 자산이니까 보존해야 해."

"네에—."

신스케가 말꼬리를 길게 늘이며 대답했다.

한글날 이야기

문자 만든 날을 기념하는 나라는 얼마나 될까? 사용하고 있는 문자 가운데 만든 때를 알 수 있는 게 한글밖에 없으니 기념일 역시 우리밖에 없겠지? 그런데 우리는 언제부터 한글날을 기념하게 되었을까?

'한글날'이라는 명칭이 만들어진 것은 1928년이야. 그런데 한글 창제를 기리고 기념한 것은 그전부터였어. 1894년에 한글이 나라글, 국문의 자격을 얻었지만 한글 창제를 기념했다는 기록은 없어. 기념에 대한 기록은 일제 강점기인 1924년에 처음 나와. 그해 2월 1일 훈민정음 8회갑(480주년) 기념식이 열린 것이 공식적인 첫 한글날 기념이야.

> 1924년 2월 1일(금) 맑다. 오후 4시부터 휘문 고등 보통학교에서 훈민정음 8회갑 기념회를 하였다. 모인 이가 수십 명, 그 중에 다수는 조선어연구회원이고, 나머지는 동지자들이다. 교장 임경재 씨의 사회로 개회사를 마치고 신명균 군의 세종 대왕 공적에 대한 이야기가 있었고, 그 다음에는 장지연 군의 주시경 선생에 대한 이야기가 있었고, 그 다음에는 권덕규 군의 정음의 유래에 대한 이야기가 있었고, 그만 폐회하였다.

❶ 2006년 한글날 기념 주화
2006년에 한글날 560돌을 기념해 만든 동전이야.
한글 자음이 예쁘게 디자인되어 들어갔구나.
이 동전은 '아름다운 주화' 상을 받기도 했어.

1926년 11월 4일(목) 맑다. 오늘은 음력 병인년 9월 29일인데 훈민정음 반포 제8회갑일이다. 조선어연구회와 신교사 주최로 식도원에서 여러 방면의 유지들 수백 명이 모여 기념 축하회를 열었다. 회비 2원. ↣《가람일기》

《가람일기》는 이병기라는 시조 시인의 일기문이야. 1926년 11월 4일의 기념식은 '가갸날'이라는 이름으로 열렸다고 해. 그런데 왜 8회갑 기념이 1924년 2월과 1926년 11월에 두 번 있었을까?

1924년은 실록에 나오는 한글 완성일(1443년 음력 12월 29일)을 기준으로 정하고, 1926년은 실록에 나오는 《훈민정음해례》를 완성한 날(1446년 음력 9월)을 기준으로 해서 양력으로 계산한 날이야.

현재의 10월 9일로 한글날이 결정된 것은 1945년이야. 《훈민정음해례》가 발견되면서 새로운 사실이 알려졌거든. 거기에 '9월 상한'이라는 말이 있어서 9월 상순 마지막 날(10일)을 양력으로 바꿔 다시 정한 거지.

북한은 처음 한글이 완성된 1443년 음력 12월을 양력으로 바꾸어 1월 15일을 '훈민정음 창제일'로 기념하고 있어. 또 한글이라 하지 않고 '정음', '조선 글자'라고 해.

한글, 세계 속으로

"나는 음악 잘해서 월드 스타가 되는 것이 꿈입니다."

"와, 그럼 미리 마키코 사인 받아 둘까?"

수진이가 장난스럽게 웃으며 말했다.

"그런데 정말 비 같은 스타 덕분에 한국 많이 알려졌어요. 전에 말한 찌아찌아 족 말고도 여러 나라에서 한국어와 한글을 배우고 있다지요? 한국 때문인가요, 한글 때문인가요?"

신스케는 항상 궁금한 게 많았다. 수진이가 눈을 가늘게 뜨고 신스케를 살폈다.

"오늘 질문은 어째 의미심장하다? 이모, 신스케는 아무래도 학자 기질이 있는 것 같아요."

"나는 외교관이 될 거라니까."

신스케가 어깨를 으쓱해 보였다.
"신스케는 외교관이 될 준비를 이미 잘하고 있는 것 같구나. 그래, 한글이 세계에 알려지고 있는 것은 전자 제품, IT 산업, 드라마, 영화, 스포츠의 활약이 커. 그러나 언어학계에 한글이 알려진 것은 훨씬 앞서의 일이야. 한글 자체의 훌륭함 때문이지. 자, 오늘 이야기 주제가 정해졌네."
"네, 이모. 세계 속의 한글!"
"하하, 그래. 언제부터 한글이 세계에 알려지게 되었을까?
1966년 미국의 유명한 언어학자 맥콜리가 잡지 《Language(언어)》에 서평을 실었어.

> 포스가 한글을 가장 뛰어난 문자라고 평가한 것은 당연하다. 그것은 한글이 벨의 《보이는 음성》(1867)이란 책에서 제시한 아이디어보다 무려 400년이나 앞선 것이기 때문이다. ➻《Language(언어)》 42권 1호

이 짤막한 문장이 세계 언어학회에 한글의 과학성과 독창성을 알리는 중요한 계기가 된 역사적인 글이야."
"벨의 《보이는 음성》이라면 농아를 위해 만들었다던 그 글자 말이에요?"
수진이 눈이 반짝했다.
"잘 기억하고 있구나. 그래. 벨이 농아를 위해 고안한 글자지. 발음 기관의 모

양을 본떠 만든 기본자를 중심으로 획을 더하여 글자를 만들어 나갔다는 점에서 한글과 비슷해. 맥콜리가 쓴 서평은 한글이 벨의 문자보다 수백 년 전에 만들어진 문자라는 것을 서양에 공식적으로 알렸어.

18세기 말과 19세기 초가 되어서야 문자학을 연구하는 세계 학자들 사이에 한글이 알려지기 시작했어. 하지만 그때는 한글이 어느 문자의 계통에 속하는지에 대해서만 관심이 있었어. 그러다가 1960년대에 미국 하버드 대학의 라이샤워와 페어뱅크라는 두 학자가 논문으로 한글의 우수성과 과학성을 소개하고 인정했어. 그리고 몇 년 후, 언어학자 포스도 한글에 대한 논문을 실었어. 이후 언어학자들의 관심 속에 한글의 가치는 자꾸 높아지고 있어. 또 한글을 이용해 국제음성기호를 만들고자 하는 시도도 있어."
"한글, 정말 '짱'이에요."
신스케가 엄지를 세워 보였다.
"우리나라가 유독 인터넷 강국으로 자리매김한 이유는 다 알고 있지?"
"다 한글 덕분이라던데요."
수진이가 우쭐해했다.
"맞아. 한글이 큰 공을 세웠어. 오래도록 권위를 누리던 중국 한자는 정보화 시대가 되면서 난감해졌지. 중국 한자를 입력하려면 몇 번의 절차를 거쳐야 돼. 일단 알파벳 'ga'를 쳐서 '가' 소리를 가진 한자를 전부 불러 오고, 그 중 뜻에 맞는 글자를 클릭하는 방법이기 때문이야."

"우리 일본 글자도 영어 알파벳으로 쳐서 변환시키는 방법을 더 많이 쓰고 있어요."

"그래, 일본 글자는 한 소리에 한 글자씩 50여 개의 낱글자가 있는데 글자 수가 많아 효율적이지 못해서 최근엔 중국처럼 알파벳으로 발음을 입력해서 일본 글자로 변환하는 쪽으로 나아가고 있어.

그럼 한글은 어떨까? 전산학자 변정용은 한글의 과학성에 대해 다음과 같이 말하고 있어.

> 우리가 지금 만능의 기계로 생각하는 컴퓨터는 단 두 개의 숫자 '0'과 '1'을 일정한 규칙에 따라 되풀이하는 것인데 이 세상을 순식간에 정보화 시대로 만들고 있습니다. 한글의 경우도 똑같습니다. 28글자의 유한수의 기호와 몇 가지의 규칙만으로 무한수에 가까운 천지자연의 소리를 만들어 표현하는 방식이 바로 한글의 특성이지요. 그래서 한글은 다른 어떤 글자보다 과학적이며 현대 첨단 과학의 산물인 컴퓨터의 원리에 매우 잘 부합되는 문자입니다. 이런 점에서 저는 세종 임금이 오늘의 정보화 시대를 미리 내다보고 한글을 만들었다고 감탄할 때가 있습니다.

한글 자판의 우수성 때문에 아예 한글 자판을 세계 공통 컴퓨터 자판으로 만들자는 움직임도 있어. 최근에는 한글을 이용해 중국어를 표기하는 방안이 제기되기도 했어. 어차피 알파벳으로 중국어를 표기해야 한다면 더 정확하게 중국어 발음을 표기할 수 있는 한글을 사용하자는 거지.

한글 자판은 컴퓨터에만 해당되는 게 아니야. 휴대 전화의 문자 입력 방식은 그야말로 세종이 한글을 만들었던 원리를 그대로 따라하고 있어. 천지인(天地人)을 본뜬 세 모음 ㆍ, ㅡ, ㅣ에 획을 더하여 수많은 모음을 만드는 방식이나 ㄱ에 획을 더하여 ㅋ, ㄲ을 만드는 원리가 바로 세종이 한글 자음을 만든 원리잖아. 정말 신기할 정도로 편하게 만들어졌지."

휴대 전화 문자 입력 방식인 '천지인'이야. 세종이 만든 원리대로 획을 더해서 입력하지. 예를 들어 '땅'을 입력하고 싶으면 ㄷ을 세 번 눌러 ㄸ을 만들고, ㅣ와 ㆍ를 차례로 눌러 ㅏ를 만들어. 받침으로 ㅇ을 한 번 눌러 주면 글자 '땅'이 완성돼.

"저도 한글로 문자 메시지 자주 보내는데 문자 입력 방식이 한글 만든 원리와 같은 줄은 몰랐어요."

신스케가 휴대 전화를 꺼내 누르며 말했다.

"문자 메시지까지 보내니? 신스케 대단하구나!"

"이모, 얘는 문자 쓰는 거 보면 거의 한국 사람이에요."

"그래? 휴대 전화뿐만이 아니지. MP3 플레이어, 냉장고, DMB 등 각종 멀티미디어 기기에도 한글 자판은 적극 쓰이고 있어. 디지털 시대는 계속해서 의사소통 방식을 바꾸어 나갈 거야. 생각이 바로 문자가 되고, 문자는 즉시 상대방에게 전달되는 거지. 물론 그러기 위해서는 문자판을 눌러야 해.

그런데 조만간 이런 수고를 할 필요가 없게 될지도 몰라. 음성을 그대로 문자로 전달하고, 문자를 다시 음성으로 변환시키는 기술이 개발되고 있기 때문이야. 이러한 미래 소통 방식에도 한글은 다른 어떤 문자보다도 위력을 떨칠 거라고 생각해. 한글은 소리와 문자의 일대일 대응이 가능하거든. 영어 알파벳이 도저히 따라올 수 없을 만큼.

전에도 말했지? 한글의 ㅏ는 늘 [ㅏ] 소리가 나지만 영어의 a는 [æ], [ʌ], [ə], [ɑ], [ɔ], [ɛ] 등 여러 가지 소리로 난다는 거."

"네, 일대일 대응 이제 알아요."

"한글의 우수성을 세계가 인정한 것은 세종대왕상으로도 입증되었어. 1989년 6월에 유네스코에서 세종대왕상을 만들었거든."

"세종대왕상이요? 그런 게 유네스코에 있어요?"

신스케가 놀라 소리치고는 얼른 마키코에게 통역했다. 마키코가 되물었다.

"세존대완산?"

"그래, 세종대왕상. 정확한 이름은 세종대왕 문해상인데, 전 세계에서 문맹 퇴치에 헌신하는 개인이나 단체, 기관에 주는 상이야. 이 상에 '세종'이라는 이름을 붙인 것은 세종이 만든 한글의 과학성과 우수성을 세계가 인정했기 때문이라고 봐야겠지. 세종대왕상은 1990년 1회 때 인도의 한 단체가 받은 이후 지금까지 해마다 전 세계의 단체들이 수상하고 있어. 세계 최강국인 미국도 읽고 쓸 줄 아는 사람이 79%에 지나지 않아서 문맹 퇴치를 국가 사업으로 추진하고 있어. 우리나라는 문맹률이 거의 0%야. 그게 다 쉽고 간결한 한글 덕분이지."

"모닝 레터라고 할 만큼 배우기가 쉬우니 문맹률이 낮은 게 당연한 거죠."

"이제 웬만한 것은 다 얘기한 것 같구나. 참, 《훈민정음》이 국보 제70호인 것은 알고 있어?"

"당연히 국보겠지요."

신스케가 말했다.

"《훈민정음》은 유네스코의 세계기록유산에도 올라 있어."

"세계기록유산이라고요?"

"기록 유산은 말 그대로 기록되어 있는 유산을 말해. 유네스코는 1995년에 기

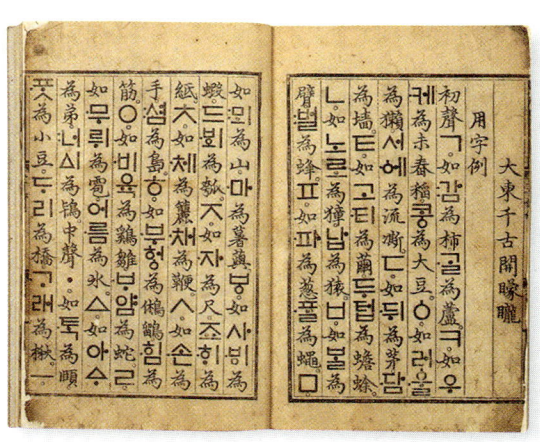

《훈민정음》
1940년 경상북도 안동의 어느 집에서 발견되었어. 훈민정음을 어떻게 사용하는지 적은 '용자례' 부분이야.

록 유산의 보존과 이용을 위해 기록 유산 목록을 작성하고 세계기록유산 사업을 시작했어. 기록 유산이 인류의 문화를 계승하는 중요한 유산인데도 훼손되거나 영원히 사라질 위험에 처한 경우가 많고 잘 알려지지 않은 경우도 많기 때문이야. 《훈민정음》, 즉 《훈민정음해례》는 1997년 10월 1일에 세계기록유산으로 인정받았어. 인류가 보존해야 할 기록 유산으로서의 가치를 세계가 인정한 거지."

"이모 덕분에 한글에 대해 정말 많이 알게 되었어요."

수진이 말에 신스케와 마키코가 동시에 말했다.

"나도요."

이모가 빙그레 웃었다.

"우리가 늘 읽고 쓰는 한글은 참 힘들게 태어났고, 숱한 어려움을 겪으면서 발전해 왔어. 지금은 그 우수성이 갈수록 힘을 발휘하고 있기도 해. 세계 속의 한글이 장차 어떤 힘을 발휘하게 될지 기대해도 좋을 거야.

하지만 말과 글은 그걸 쓰는 사람들이 지켜주고 잘 사용해야만 발전하는 거야. 지금은 인터넷 등 여러 매체 때문에 자칫하면 글자를 망가뜨리기 쉬워. 글자는 단순히 소통의 수단만이 아니고 인류의 품위를 지켜주는 정신이자 문화라는 것을 잊지 말도록 하자."

"네, 잘 알겠어요."

"나도 우리 일본말과 일본 글자 아낄 거예요."

신스케가 싱긋 웃으며 말했다.

"그래야지. 오늘밤에 수진이 엄마 아빠가 오실 테고, 나는 내일 돌아갈 거야. 신스케, 마키코, 만나서 반가웠다."

"재미있는 얘기 잘 들었어요. 다음에 또 만났으면 좋겠어요."

신스케가 영 아쉬운 표정이었다.

"우리 다음에 이모 댁에 놀러 가자."

수진이가 얘기하자 신스케가 눈을 반짝했다.

"정말? 그래도 돼요?"

"그래, 놀러 오너라. 그땐 더 많은 이야기 나누자꾸나."

"네, 감사합니다."

마키코가 고개를 꾸벅했다.

"어? 마키코, 발음이 정말 좋아졌네! 연습 많이 했구나."

"다 제 덕분이죠."

수진이가 제 가슴을 톡톡 쳤다.

모든 언어를 표기하는 국제정음기호

한글의 국제화를 위해 만든 것이 국제정음기호(International Phonetic Hunminjeongeum:IPH)야. 한글에서 모양이 비슷하면 소리도 비슷하다는 장점과 낱자들을 합하여 소리를 만들어 낼 수 있는 특징을 살린 거지.

	110	111	112	113	114	115	116	117	118	119	11A	11B	11C	11D	11E	11F
0	ㄱ	ㅌ	ㅃ	ㅅㄱ	ㅿ	ㅈ	Jgsg FILL	ㅖ	ㅖ	ㅖ	ㅠ	ㄹㄱ	ㅌ	ㄹㄹ	ㅁㅈ	ㆁ
1	ㄲ	ㅍ	ㅄ	ㅆㅔ	ㅇㄱ	ㅉ	ㅏ	ㅟ	ㅖ	ㅕ	ㅣ	ㄹㅁ	ㅍ	ㄹㅁ	ㅁㅎ	ㅇㅅ
2	ㄴ	ㅎ	ㅄㅅ	ㅅㅐ	ㅇㄷ	ㅊ	ㅐ	ㅠ	ㅗ	ㅖ	·	ㄹㅂ	ㅎ	ㄹㅄ	ㅁ	ㅇㅿ
3	ㄷ	ㅁㄱ	ㅄㅈ	ㅆㅔ	ㅇㅁ	ㅊㅎ	ㅑ	ㅡ	ㅜ	ㅍ	ㄹㅅ	ㄱㄴ	ㄹㅆ	ㅂㄹ	ㅍ
4	ㄸ	ㄴㄴ	ㅃㅃ	ㅆ	ㅐ	ㅊ	ㅒ	ㅢ	ㅑ	ㅖ	ㄹㅌ	ㅅㄱ	ㄹㅎ	ㅍㅂ	ㆄ
5	ㄹ	ㄴㄷ	ㅄㅅ	ㅅㅇ	ㅇㅅ	ㅊ	ㅓ	ㅣ	ㅙ	ㅜ	ㄹㅍ	ㅁ	ㄹㅇ	ㅂㅎ	ㅎ
6	ㅁ	ㄴㅂ	ㅄㅈ	ㅆ	ㅇㅅ	ㅐ	ㅔ	ㅘ	ㅕ	ㅡ	ㄹㅎ	ㄴㄷ	ㄹㅆ	ㅸ	ㅎ
7	ㅂ	ㄷ	ㅄㅊ	ㅅㅊ	ㅇㅇ	ㆄ	ㅕ	ㅜ	ㅗ	ㅟ	ㅁ	ㅅㄴ	ㄹㅈ	ㅅ	ㅗ
8	ㅃ	ㄹ	ㅄ	ㅆ	ㅇㅈ	ㅎㅎ	ㅔ	ㅑ	ㅛ	ㅑ	ㄱ	ㅂ	ㄴㅅ	ㄹ	ㅅ	ㅐ
9	ㅅ	ㄹㄱ	ㅃ	ㅅ	ㅇㅈ	ㆆ	ㅗ	ㅘ	ㅠ	ㅑ	ㄲ	ㅄ	ㄴㅌ	ㄹㅎ	ㅅ	ㆆ
A	ㅆ	ㄹㅎ	ㅃ	ㅅ	ㅇㅔ		ㅘ	ㅚ	ㅙ	ㅛ	ㄲ	ㅅ	ㄷ		ㅐ	
B	ㆁ	ㄹㅎ	ㅸ	ㅅㅎ	ㅍ	ㅒ	ㅚ	ㅜ	ㅚ	ㅜ	ㄴ	ㅆ	ㄷ	ㅆ	ㅿ	
C	ㅈ	ㅁ	ㅃ	ㅅ	ㅇ	ㅚ	ㅗ	ㅡ	ㅖ	ㅣ	ㄸ	ㅇ	ㄹㅅ	ㅆ	ㅇ	
D	ㅉ	ㅁ	ㅅ	ㅆ	ㅈ		ㅛ	ㅕ	ㅜ	ㅣ	ㅎ	ㅈ	ㄹ	ㅆ	ㅢ	
E	ㅊ	ㅂ	ㅅ	ㅅ	ㅈ		ㅜ	ㅜ	ㅒ	·	ㄷ	ㅊ	ㄹ	ㅆ	ㅇㅇ	
F	ㅋ	ㅂ	ㅅ	ㅆ	ㅉ	Chsg FILL	ㅝ	ㅕ	ㅒ	ㅓ	ㄹ	ㅋ	ㄹㅎ	ㅆ	ㅇ	

국제정음기호를 조합하면 총 50만 자나 되는 글자를 만들 수 있어.

지금 세계의 언어를 표기하는 공통 발음 기호는 국제음성학회에서 1888년에 발표한 국제음성기호야. 모든 언어의 소리를 정확하면서 표준적인 방법으로 표시하기 위해 고안되었지. 107개의 기본 문자와 55개의 구별 기호로 구성되어 있어. 몇 개만 보면 다음과 같아.

m ɱ n ɳ ɲ ŋ ɴ p b t d ʈ ɖ c ɟ k g q ɢ ʔ ʡ ɸ β f v θ
ð s z ʃ ʒ ʂ ʐ ç ʝ x ɣ χ ʁ ħ ʕ h ɦ ʋ ɹ ɻ j ɰ

그런데 로마자를 바탕으로 한 국제음성기호는 배우기가 쉽지 않고 체계적이지도 않아. 반면 한글을 토대로 만든 국제정음기호는 지금 우리가 쓰고 있는 24개의 자음과 모음 외에 몇 가지 기호만 더하면 세계의 모든 언어를 거의 완벽하게 표현할 수 있어.

국제정음기호는 전산학자 진용옥이 컴퓨터를 이용해 모든 소리를 한글을 기초로 표기하려는 노력에서 나온 거야. 기호들을 잘 보면 세종 당시에 쓰이다가 사라진 발음들을 많이 되살린 걸 알 수 있어. 이를 이용해 세상의 모든 소리를 기록할 수 있는 컴퓨터 자판을 만들기도 했어. 진용옥은 국제정음기호를 인터넷 부호 체계로 만들어 전 세계에 보급하려는 계획을 세우고 있다고 해. 한글은 15세기에도 일본어, 몽골어, 중국어 등 외국어 소리를 표기하는 발음기호로서의 역할을 했으니 앞으로 더 널리 쓰일 수 있지 않을까?

한글 특강

한글에 대해 더 깊이 알고 싶은 친구들을 위해 특강을 마련했어.
어려운 내용이지만 천천히 읽어 나가 보자.

훈민정음해례 살펴보기

《훈민정음해례》는 한글을 만든 원리와 각 글자들의 소리를 한문으로 설명해 놓은 책이야. 세종이 한글을 다 만든 후에 정인지 등에게 명하여 쓰게 했지. 원래 책 이름은 《훈민정음》이지만 문자 이름인 '훈민정음'과 구분하고, 한글로 번역된 《훈민정음》과도 구분하기 위해 《훈민정음해례》라 불러.

《훈민정음해례》는 책의 시작인 서문이 있고, '예의' 편이 본문처럼 되어 있어. 이어서 이를 해설한 '해례' 편이 나오지. 해례편은 제자해, 초성해, 중성해, 합자해, 용자례의 순서로 실려 있어. 마지막에는 정인지가 쓴 서문이 실려 있고.

서문의 내용
세종이 쓴 서문으로 '세종어제훈민정음'이라 불리며 새로 글자를 만든 뜻을 밝혔어.

나라말이 중국과 달라 한자와는 서로 통하지 아니하여서 이런 까닭으로 어리석은 백성이 말하고자 하는 바가 있어도 마침내 제 뜻을 펴지 못하는 사람이 많다. 내가 이것을 가엾게 생각하여 새로 스물여덟 글자를 만드니, 모든 사람들로 하여금 쉽게 익혀서 날마다 쓰는 데 편하게 하고자 할 따름이다.

본문의 내용

예의편이라고도 하며 세종이 직접 각 낱자의 소리 값과 쓰는 방법에 대한 간단한 설명을 서문에 덧붙였어.

● 자음

ㄱ은 어금닛소리니, 君(군)자 첫소리와 같다. 나란히 씀은, 虯(뀸)자 첫소리와 같다.

ㅋ은 어금닛소리니, 快(쾡)자 첫소리와 같다.

ㄷ은 혓소리니, 斗(둠)자 첫소리와 같다. 나란히 씀은, 覃(땀)자 첫소리와 같다.

ㅌ은 혓소리니, 呑(톤)자 첫소리와 같다.

ㄴ은 혓소리니, 那(낭)자 첫소리와 같다.

ㅂ은 입술소리니, 彆(볋)자 첫소리와 같다. 나란히 씀은, 步(뽕)자 첫소리와 같다.

ㅇ은 목구멍소리니, 欲(욕)자 첫소리와 같다.

● 모음

ㆍ는 呑(톤)자 가운뎃소리와 같다.

ㅡ는 卽(즉)자 가운뎃소리와 같다.

ㅣ는 侵(침)자 가운뎃소리와 같다.

ㅗ는 洪(홍)자 가운뎃소리와 같다.

ㅏ는 覃(땀)자 가운뎃소리와 같다.

ㅜ는 君(군)자 가운뎃소리와 같다.

ㅓ는 業(업)자 가운뎃소리와 같다.

해례의 내용

세종의 설명을 더 구체적이고 상세하게 설명해 놓아 훈민정음의 해설에 해당하는 글이야.

● 제자해(制字解) ; 글자를 만든 원리에 대한 설명

어금닛소리 ㄱ은 혀뿌리가 목구멍을 닫는 꼴을 본떴고,

혓소리 ㄴ은 혀가 윗잇몸에 붙는 꼴을 본떴고,

입술소리 ㅁ은 입의 모양을 본떴고,

잇소리 ㅅ은 이의 모양을 본떴고,

목구멍소리 ㅇ은 목구멍의 모양을 본떴다.

ㅋ은 ㄱ에 비하여 소리 남이 조금 세므로 획수를 더했는데,

ㄴ이 ㄷ, ㄷ이 ㅌ, ㅁ이 ㅂ, ㅂ이 ㅍ, ㅅ이 ㅈ, ㅈ이 ㅊ, ㅇ이 ㆆ, ㆆ이 ㅎ으로 그 획수에 따라 획을 더함은 모두 한가지다.

ㆍ는 혀가 오그라져 소리가 깊으니 하늘이 자시(子時)에 열림이라. 둥근 모양은 하늘을 본떴다.

ㅡ는 혀가 조금 오그라져 소리가 깊지도 얕지도 않으니 땅이 축시(丑時)에 열림이라. 평평한 모양은 땅을 본떴다.

ㅣ는 혀가 오그라지지 않아 소리가 얕으니 사람이 인시(寅時)에 남이라. 일어선 모양은 사람을 본떴다.

결말의 내용
정인지가 쓴 글로 훈민정음의 장점에 대해 적은 거야.

천지에 자연의 소리가 있으면 반드시 자연의 글이 있게 되니, 예부터 사람은 소리를 글자로 만들어 만물의 뜻을 통하여 하늘과 땅과 사람의 도리를 기록하여 뒤 세상에 그대로 전하게 하기 위함이다. 그러나 사방의 풍토가 달라 소리의 기운 또한 다르게 된다. 대부분 외국 말은 소리가 있으되 글자가 없어 중국의 글자를 빌려 통하게 하는데, 이는 둥근 것이 네모진 구멍에 들어가서 어긋남과 같으니 어찌 능히 통하여 막힘이 없겠는가?

계해년 겨울에 우리 전하께서 정음 스물여덟 자를 처음으로 만드시어 예의를 간략하게 들어 보이고 명칭을 《훈민정음》이라 하였다. 그런 까닭으로 지혜로운 사람은 아침나절이 되기 전에 이를 이해하고, 어리석은 사람도 열흘 만에 배울 수 있게 된다. 이로써 글을 해석하면 그 뜻을 알 수가 있으며, 이로써 송사(訟事)를 들으면 그 실정을 알아낼 수가 있게 된다. 각 글자의 소리는 맑고 흐림을 능히 분별할 수가 있고, 소리의 가락이 조화로워서 어디를 가더라도 통하지 않는 곳이 없어, 비록 바람 소리와 학의 울음이든지, 닭 울음소리나 개 짖는 소리까지도 모두 표현해 쓸 수가 있게 되었다.

ㄱ, ㄴ, ㄷ의 이름

ㄱ, ㄴ, ㄷ 등 한글 자음의 이름 잘 알고 있지?

이 이름들은 글자가 만들어지고 훨씬 나중에 붙여진 거야. 세종은 새로 만든 글자에 '훈민정음'이라는 이름을 붙여 주긴 했지만 각각의 자음, 모음들에 어떤 이름을 붙였는지는 알려지지 않았어. 한글을 해설한 책인 《훈민정음해례》에도 자음, 모음의 이름에 대해서는 아무 설명이 없고. 그럼 세종은 자음과 모음을 따로 읽을 때 뭐라고 했을까? 그 부분은 아직까지 수수께끼로 남아 있어. 자, 이 수수께끼를 한 번 풀어보자.

우리한테 주어진 실마리는 《훈민정음해례》뿐이야. 그러니까 거기에 나온 설명을 시작으로 당시의 이름을 추정해야 해.

《훈민정음해례》에서 자음 설명 부분을 보자.

ㄱ눈 엄쏘리니 君군ㄷ字쫑
처음 펴아 나눈 소리ㄱㅌ니

(ㄱ은 어금닛소리로 '군'자 첫소리와 같으니라.)

즉, 'ㄱ'의 소리는 익히 알고 있는 君(군) 자의 첫소리와 같다고 설명했어. 하지만 'ㄱ'을 뭐라고 읽었는지에 대해서는 설명이 없어. 이 때 'ㄱ눈' 부분을 보자. 'ㄱ' 뒤에 붙은 조사 '눈'이 중요한 단서가 돼. 조사는 앞 단어의 소리에 따라 다르게 쓰기 때문이야.

조사 '눈'은 받침 없는 글자 뒤에 연결되는 것이고, 또 ㅏ, ㅑ, ㅗ, ㅛ 등의 양성 모음 혹은 중성 모음 ㅣ 뒤에 붙는 조사야.

그러니까 'ㄱ'의 이름은 받침 없이 양성 혹은 중성 모음으로 끝나는 이름이야. 적어도 '기역'은 아니라는 걸 알 수 있지. ㅓ, ㅕ, ㅜ, ㅠ는 음성 모음이니까 말야.

그런데 훈민정음이 창제되고 100년 후에 나온 책인 최세진의 《훈몽자회》를 보면 흥미로운 게 있어. 각각의 자음과 모음의 이름을 지어 적어 놓았는데 '기역, 니은, 디귿, 리을……키, 티, 피, 치……'야.

최세진은 왜 자음의 이름을 두 글자로 된 이름과 한 글자로 된 이름으로 다르게 붙였을까? 자음 중에 받침으로 쓸 수 있는 것과 없는 것을 구분한 거야. 두 글자로 이름 붙인 ㄱ, ㄴ, ㄷ, ㄹ…… 등은 받침으로도 쓸 수 있는 글자고, 한 글자로 이름 붙인 ㅋ, ㅌ, ㅍ, ㅊ는 받침으로 쓸 수 없는 글자라는 뜻이지. '기역'에서 '기'는 ㄱ이 글자의 처음에 쓰인 예이고, '역'은 'ㄱ'이 받침으로 쓰였을 때의 예를 보여준 거야.

그런데 또 하나 이상한 게 있어. 왜 기윽, 니은, 디은, 리을, 시웃…… 이라 이름 짓지 않고

기역, 니은, **디귿**, 리을, **시옷** 이라고 했을까? 다른 이름들이 자음에 ㅣ와 ㅡ를 붙여서 만든 것과는 좀 다르잖아?

그건 이름을 한자로 쓰려다 보니 윽, 읃, 읏 에 가까운 한자가 없어서 역(役, 부릴 역), 귿(末, 끝 말), 옷(衣, 옷 의) 자로 대신 썼는데 후대의 사람들이 한자를 보고 기역, 디귿, 시옷이라고 읽었을 거라고 추정돼. 그러니까 실제로는 《훈몽자회》에서 한글의 자음 이름을 기윽, 니은, 디읃, 리을, 비읍, 시읏…… 키, 티, 피, 치 등으로 짓고 읽었을 거라는 얘기지.

《훈민정음해례》에 'ㄱ는'이라고 한 것과 최세진이 이름 붙인 것까지 생각해 볼 때, 세종이 처음 훈민정음을 만들었을 때 'ㄱ'은 '기'라고 읽었을 가능성이 아주 높아. 'ㄴ'은 '니', 'ㄷ'은 '디' 이렇게 말이야.

이렇게 수수께끼를 풀기는 했는데 완전히 그렇다고 단정할 수는 없어. 어쩌면 이름 이야기가 없는 걸로 보아서 처음엔 이름을 짓지 않았는지도 몰라. 최세진이 처음으로 이름을 지었을 가능성도 있다는 얘기야.

이런 추정 때문에 근대에 와서 한글 자음의 이름을 '기윽, 니은, 디읃……'으로 정할 뻔도 했는데 이런저런 일로 그 결정이 시행되지 못해 혼란스럽게 쓰이다가 1933년 한글 맞춤법 통일안에서는 지금의 이름인 기역, 디귿, 시옷 등으로 채택되었어.

한글 이전에는 한자만 썼을까

서기체식 표기

한글이 창제되기 전에는 한자로 우리말을 표기했어. 하지만 아무래도 말의 구조가 다르니 문장이 맞아떨어지지 않아 불편했겠지? 그래서 한자를 다양하게 이용해 우리말을 표기하는 방법이 생겨났어. 그 중에 하나가 서기체식 표기야. 한자를 쓰되 우리말 순서로 쓰는 거야.

여러분이 잘 아는 영어로 예를 들어보자면, I like you 를 우리말 순서대로 I you like [나는 너를 좋아해] 로 쓰는 거지. 실제로 쓰이던 것을 한 번 볼까?

今^금自^자三^삼年^년以^이後^후

경북 월성군에서 발견된 임신서기석의 한 부분이야. 뜻은 '지금부터 삼 년 이후'. 하지만 원래 한문식으로 쓰면 '自今三年以後(자금삼년이후)' 라고 해야 맞아. 自(자)는 '~로부터'라는 뜻이고 今(금)은 '지금'이라는 뜻이지. 그러니까 '今自'는 한자를 우리말의 순서에 맞게 쓴 거야. 이런 식으로 쓴 기록이 아주 많아. 그만큼 중국어와 우리말의 순서가 달라 몹시 불편했다는 것을 짐작할 수 있어.

임신서기석 신라의 두 화랑이 열심히 공부하고 나라에 충성할 것을 다짐한다는 내용이 새겨져 있어. 서기체식 표기를 찾아볼 수 있는 유물이야.

향찰과 이두

한자의 음과 뜻을 빌려 우리말을 표기한 게 바로 향찰과 이두야. 두 가지 방법은 각각 쓰이는 경우가 달랐어. 향찰은 우리말 노래인 향가를 적는 데에 쓰였고, 이두는 서류나 계약서 같은 실용문에 썼어. 이두를 신라 원효 대사의 아들인 설총이 만들었다는 말도 있는데 그동안 쓰이고 있던 이두를 모아서 정리했다는 것이 맞을 거야. 향찰은 향가가 만들어진 신라부터 고려 초기까지 쓰이다가 향가와 함께 사라졌지만 이두는 조선 후기까지 공식적인 행정 문서에 널리 쓰였어. 하급 관리들의 시험 과목에도 들어 있었다고 해.

향찰을 한 번 볼까?

善^선花^화公^공主^주主^주隱^은 선화공주님은

위는 서동요의 첫 부분인데 밑줄을 그은 '主(님 주) 隱(숨을 은)'을 봐. '님 주' 자는 뜻을 빌려 '님'으로 읽고 '숨을 은' 자는 소리를 빌려 '은'으로 읽어서 '선화공주님은'이라고 읽었어.

이번엔 이두식 표기야.

龜^구何^하龜^구何^하 거북아거북아

위에서 '龜(구)'는 거북이라는 뜻이야. '何(하)'는 '어찌'란 뜻이고. 그런데 '何(하)'는 원래 뜻과는 상관없이 우리말에서 누구를 부를 때 쓰는 '~하'로 쓰였어. 현대어로는 높임말인 '~이시여'와 비슷해.

우리는 영희를 부를 때 '영희야'라고 '야'를 붙이잖아. 그래서 외국 친구 Tomy를 부를 때도 Tomy야, 하고 '야'를 붙이는데 그 때 '야'를 ya로 쓴다면 그게 이두식 표현인 셈이지.

구결

한문을 읽을 때에 우리말을 사이사이에 끼워 넣어 읽으면 문장의 호흡도 맞고 뜻도 더 분명해져. 이때 끼워 넣는 우리말을 한자를 이용해 표기한 게 구결이야. 예를 들어 볼까?

옛날에 어린이들이 배우던 소학의 한 구절이야.

益者三友^{익자삼우} 友直^{우직} 友諒^{우량} 友多聞^{우다문} 益矣^{익의}

여기에 구결을 달면,

益者三友^{익자삼우}이니, 友直^{우직}하고 友諒^{우량}하며 友多聞^{우다문}하면 益矣^{익의}니라.

이렇게 읽으니 이해가 더 쉽지? 옛날엔 밑줄 그은 우리말 부분을 구결로 썼던 거야. 좋은 말이니 뜻도 새겨 볼까?

'유익한 벗이 셋이니, 정직한 이를 벗하고 신실한 이를 벗하며 견문이 많은 이를 벗하면 유익하니라.'

한글은 세계 유일의 자질 문자

한글이 세계에서 널리 인정받는 이유 중에는 '자질 문자'라는 특징이 있어. 어려운 내용이긴 하지만 자질 문자가 뭘 뜻하는 건지 알아보고 가자.

세계의 문자는 크게 상형 문자, 음절 문자, 음소 문자로 구분해. 상형 문자는 모양을 본떠 만든 글자로 그림 문자에서 시작하여 점차 추상화되어 글자로 발전했지. 한자 같은 뜻글자가 대표적이야. 그런데 이런 글자는 글자 수가 엄청 많아서 외우기가 힘들기 때문에 많은 사람들이 두루 사용하기 어렵지.

그 다음으로 나온 게 음절 문자인데 이건 뜻글자가 아니고 소리글자야. 한 소리, 즉 한 음절에 한 글자인 일본 글자 같은 걸 말해. 그리고 한 음절을 자음과 모음이라는 음소로 구분하고 있는 문자를 바로 음소 문자라고 해. 알파벳과 한글이 대표적인 음소 문자야.

그런데 자질 문자라는 것은 음소 문자 중에서도 더 발전된 형태야. 글자의 모양이 글자가 담고 있는 소리의 자질과 특질을 보여주지. 비슷한 소리를 나타내는 글자끼리 모양도 비슷해서 훨씬 더 체계적이고 익히기도 쉬워.

한글이 자질 문자라는 주장을 제기한 사람은 영국의 언어학자 제프리 샘슨이야. 그는 1985년 책 《문자 체계》에서 우선 한글을 '가장 독창적이고도 훌륭한 음성 문자', '한글은 의문의 여지없이 인류가 만든 가장 위대한 지적 산물 중의 하나임이 틀림없다.'라며 극찬했어.

자음 체계도

		양순음	설단음	치찰음	연구개음	후두음
이완음	이완연속음	ㅁ	ㄴ	ㅅ		ㅇ
	이완폐쇄음	ㅂ	ㄷ	ㅈ	ㄱ	ㅎ
긴장음	긴장유기폐쇄음	ㅍ	ㅌ	ㅊ	ㅋ	ㅎ
	긴장연속음			ㅆ		
	긴장무기폐쇄음	ㅃ	ㄸ	ㅉ	ㄲ	
	유음		ㄹ			

모음 체계도

양성	음성	중성
ㆍ	ㅡ	
ㅗ	ㅜ	ㅣ
ㅏ	ㅓ	

샘슨은 한글의 자음을 입안에서 소리가 만들어지는 위치와 소리를 만들어 내는 방법을 중심으로 체계를 세웠어.

그리고 기본 글자에 획을 하나씩 그어서 속성이 비슷한 다른 글자를 만들어 가는 방식에 주목하고 자질 문자의 특성을 파악해 냈어. 샘슨은 한글이 음소 문자이면서 새로운 차원의 자질 문자라고 분류했지.

'ㄱ, ㄲ, ㅋ'은 같은 곳에서 나는 소리로 기본인 'ㄱ'에 획을 더하거나 겹쳐 써서 모양에서도 공통점이 있잖아. 'ㄴ, ㄷ, ㅌ, ㄸ'도 그렇지? 하지만 영어의 'g, k'나 'n, d, t'는 같은 계통의 소리이지만 글자 모양에 공통점이 전혀 없어.

모음도 마찬가지야. 세종이 모음을 만든 원리는 ·(天), ㅡ(地), ㅣ(人) 세 기본 글자를 중심으로 음양으로 나누고 'ㅡ'의 위나 아래, 혹은 'ㅣ'의 오른쪽이나 왼쪽에 '·'를 더하는 원칙으로 다른 모음들을 파생시키는 방법이야.

한글 말고도 다른 자질 문자가 있을까? 한글과 유사한 자질 체계를 가진 문자로는 벨이 발표한 '보이는 음성'과 영국의 아이작 피트먼이 발명한 속기법이 있어.

보이는 음성은 기본자를 중심으로 획을 더하여 글자를 만들어 나갔다는 점과 발음 기관의 모양을 본떴다는 점이 한글과 비슷해.

피트먼 속기법은 모든 음성 소리를 자음 49개와 모음 16개로 분류하고 거기에 자기가 고안한 기호를 배열한 것인데 빨리 쓰기 위해 약자처럼 썼어. 익히기 편하도록 비슷한

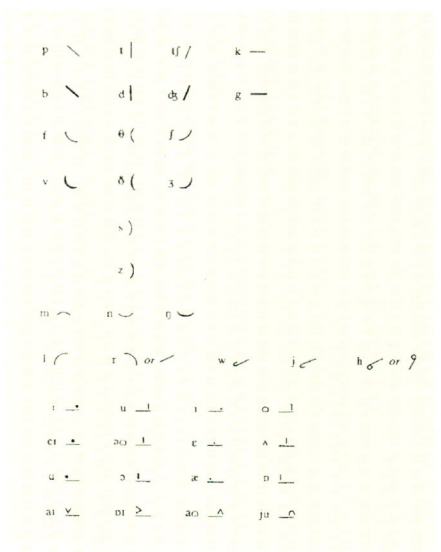

피트먼 속기법
서로 관련 있는 소리끼리
글자 모양이 비슷해.

소리들끼리 짝을 지어 놓았고.

　보이는 음성과 피트먼의 속기 기호가 한글처럼 자질 문자의 성격을 가지고 있기는 해. 그렇지만 모두 최근에 고안된 것이고, 일시적으로 사용되거나 특정한 목적으로만 사용되었다는 점에서 한글처럼 사람들이 일상으로 쓰는 문자와는 시작부터 달라. 최고의 음소 문자로 인정받은 한글은 자질 문자로서도 거의 유일한 문자로 세계 문자의 역사에 새롭게 등장한 거야.

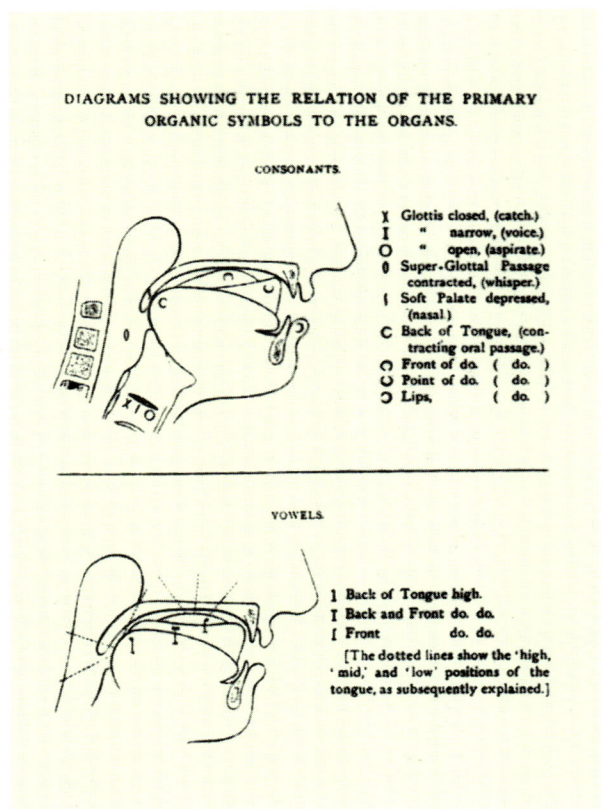

벨이 쓴 책 《보이는 음성》에 실린 문자야. 그림을 보면 발음 기관을 본떠 만든 것을 알 수 있지.

한글과 닮은 문자가 있다고

세종이 한글을 만들 때 주변의 문자들을 연구하고 참고도 했을 거라 짐작이 가지만 뚜렷이 어떤 문자를 본떴다고 할 만한 건 없어. 그런데 몇몇 문자가 한글과 관련되어 있다는 의혹이나 주장이 있어서 한번 살펴보려고 해. 같이 생각해 보자.

가림토 문자

가림토 문자는 《한단고기》에 등장하는 고대 한국의 문자라고 해. 그런데 이 문자가 한글과 거의 흡사해서 한글의 모태가 아닐까 생각하는 사람들이 있어. 또 이 글자가 일본에 건너가 신대 문자가 되었고, 몽골의 파스파 문자가 되었고, 인도의 구자라트 문자가 되었다고 주장하는 거야.

이 주장은 《조선왕조실록》에 나온 '훈민정음이 옛 전자를 모방했다'는 기록 때문에 나왔어. 세종이 모방한 그 옛 글자가 바로 가림토 문자라는 거지. 그런데 이 주장은 여러 가지 면에서 신빙성이 없어서 학계에서도 신뢰하지 않고 있어.

무려 4000년 전부터 가림토 문자라는 글자가 있었다면 왜 한국의 역사에 한 번도 등장하지 않았는가 하는 점이야. 이상하지 않아? 아주 훌륭한 글자인데 전혀 사용되지 않았으니 말이야. 그리고 그 글자가 있었다면 신라 때에 이두나 향찰 같은 걸 만들 필요가 없었을 거야. 그러니까 한자가 있어도 표현의 어려움 때문에 고민을 했던 신라 사람들이나 그 때문에 이두를 연구하고 모은 설총도 그 글자를 몰랐다는 거지. 만약 이렇게 쓰기 편리한 글자가 예전부터 있었다면 어떤 식으로든 세상에서 쓰였을 거야.

게다가 세종이 한글을 만들었을 때, 고대로부터 있었던 글자라면 최만리 등 집현전 학자들이 반대할 이유도 없고, 최만리가 한글을 두고 참으로 뛰어난 새로운 글자를 만들었다고 인정할 이유도 없어. 3600년이나 숨겨져 있다가 홀연히 세종 때에 나타나 본떴다고 하는 것도 이상하지만 세종 당시에 새 글자에 대한 반대가 극심했던 걸 생각하면 그 글자를 본떴다고 상세히 밝히지 않을 이유도 없었다는 거야.

일본 신대 문자

신대 문자는 '신들이 쓰던 문자'라는 뜻이야. 대마도의 아히루 가문에서 전해져 왔다고 해서 아히루 문자라고도 해. 이 문자는 한글과 너무나 닮아 있어. 신대 문자를 인정하는 사람들은 이 문자가 한글 창제 이전부터 존재했으므로 한글에 영향을 주었다고 주장하고 있어. 그런데 이상한 점이 있어.

이 글자의 등장과 한글 관련 주장은 18세기에 애국심에 불타는 일본 국학자들에 의해 제기되었다는 점이야. 신대 문자가 한글 이전에 만들어졌다는 것에 신뢰성이 떨어진다는 거지.

사실은 신대 문자가 언제 만들어졌는지가 명확하지 않아서 일본 학자들 사이에서도 한글의 영향으로 신대 문자가 만들어졌다는 주장도 있어. 1930년 무렵, 신대 문자로 쓰였다는 문헌이 나온 적이 있는데 조사 결과 황당무계하다는 평가가 나왔어. 옛 일본에 신대 문자가 존재했을 가능성은 거의 없다는 것이 학계의 정설이야.

무엇보다 일본의 옛 문헌에 '고유 문자가 없었고 한자를 빌려 썼다', '고유 문자가 없어 전승에 착오가 많았다'는 기록이 나와. 《일본서기》에는 백제의 왕인 박사가 한자를 전했다고 기록되어 있고, 일본 문자인 가나는 한자를 빌려 만든 글자야.

어쨌든 그 진위를 떠나 신대 문자 주장은 몇 가지 문제점이 있어. 첫째, 고대에 신대 문자가 있었다면 왜 굳이 한자를 빌려 표기하는 가나 문자 체계를 갖추었을까 하는 점이야. 둘째, 신대 문자는 한글처럼 자음과 모음으로 나누어진 음소 문자인데 오늘날 일본에서 쓰는 가나 문자는 글자 하나가 한 음절을 나타내는 음절 문자라는 점이야. 더 발전된 음소 문자에서 음절 문자로 거꾸로 발전했다는 것은 일반적인 문자 발전 과정과 어긋나거든.

인도 산스크리트어 문자

조선 중기 학자 성현(1439~1503)이 이렇게 말했어.

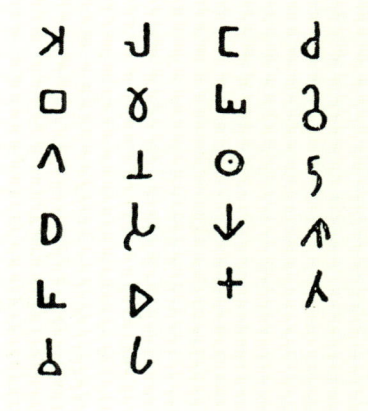

> 초종성 8자, 초성 8자, 중성 12자의 모양은 인도 산스크리트어 글자를 본으로 했다.
> ➤ 《용재총화》

위에서 '초종성'이라는 말은 초성(첫소리)에도 쓰고 종성(끝소리, 받침)에도 쓴다는 뜻이야.

한글이 반포된 게 1446년이니 성현은 훈민정

음 초기에 자연스럽게 한글을 배우고, 한글로 과거 시험도 보았을 거야. 그런 그가 한글이 인도 산스크리트어 문자를 모방했다고 한 것은 연구해 볼 만한 일이야.

몽골 파스파 문자

티베트 출신의 승려 파스파가 만든 문자인데 몽골족이 세운 원나라의 공식 문자였어. 한글 모양을 만들 때 이 문자를 모방하지 않았냐는 의견이 있는데 글쎄, 별로 비슷한 것 같지는 않아. 단, 음절 단위로 문자를 모아쓴 것은 한글의 쓰기 방법과 같아. 세종은 파스파 문자의 쓰기 방법을 참고했던 것 같아.

국어사전 탄생의 비밀

1945년 9월 8일 경성역(지금의 서울역) 조선통운 창고. 일본이 전쟁에서 지고 물러난 직후라 경성역 창고에는 갈 곳이 없는 화물이 많이 쌓여 있었어. 화물을 정리하는 인부들 사이에서 이를 점검하던 역장은 한 상자 앞에서 발을 멈추었어. 수취인이 고등법원으로 된 상자였어.

"고등법원?"

뜯어보니 상자 가득 원고 뭉치였어. 역장은 얼마 전 자신을 찾아왔던 사람들을 떠올렸어.

"그 사람들이 찾던 것이 바로 이거야!"

그것은 원고지 2만 6500여 장 분량의 《조선어사전》 원고였어. 1929년부터 시작된 《조선어사전》 편찬 사업의 결실이 일본 경찰에 압수당한 지 3년 만에, 해방 후 사전 원고의 행방을 수소문한 지 20여 일 만에 조선어학회의 품으로 돌아오는 순간이었어. 우리나라 최초의 국어사전은 이처럼 한 편의 드라마 같이 세상에 나왔어.

1900년대로 들어서면서 한글은 명실공히 온 백성이 일상으로 쓰는 글자가 되었어. 이때는 일본의 식민 지배가 점점 더 심해지고 있었는데, 이에 따라 국문 운동도 본격화되고 있었어. 여러 교육자들이 학교를 세우고 국문 교육을 통해 민중을 계몽하려고 애썼거든.

그런 운동이 확산되자 지식인들은 국문의 통일과 철자법 정리가 필요하다고 생각했어. 지

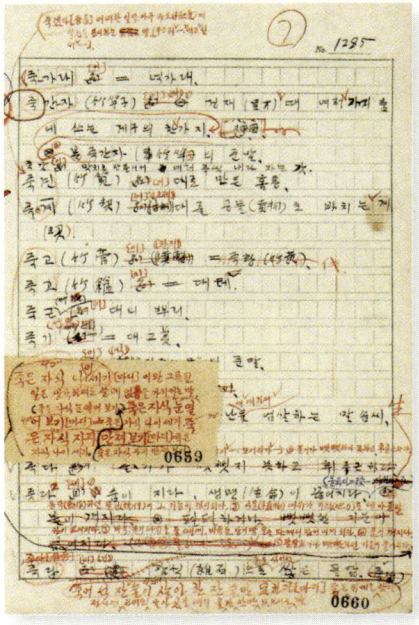
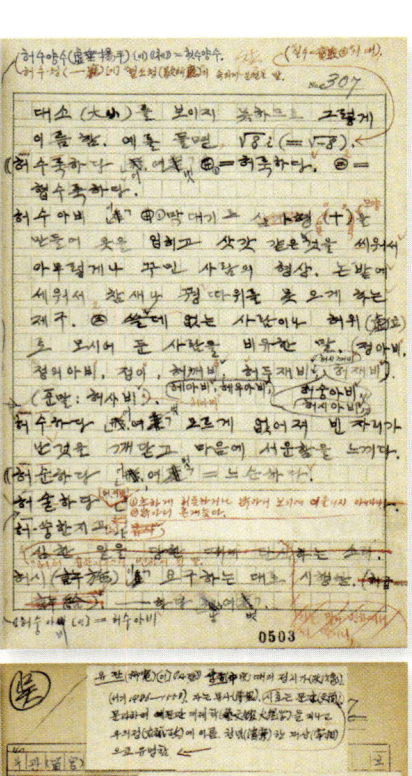
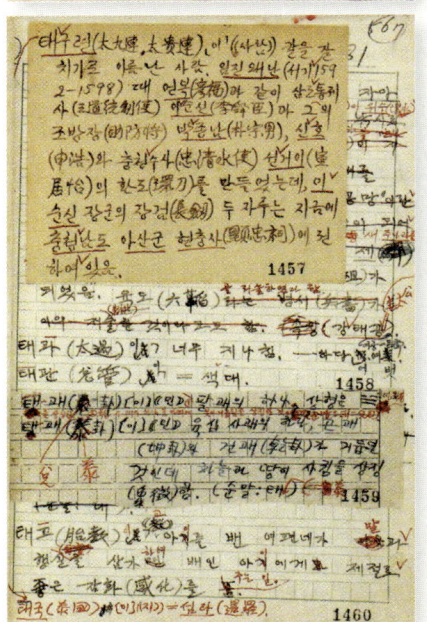
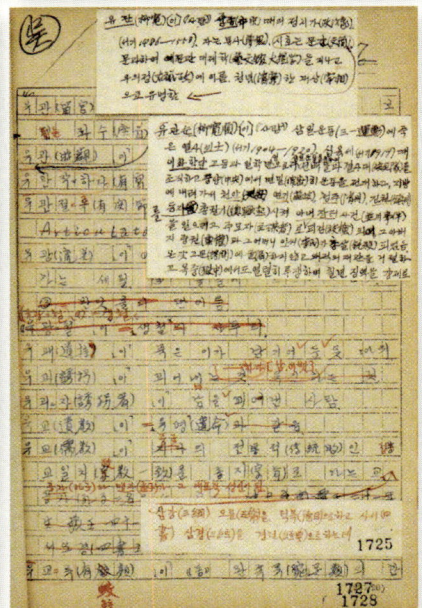

석영, 이능화 같은 학자들이 여러 가지 방안을 정부에 제출하였고, 정부는 국문 정리 사업을 진행하기로 했어.

1907년 7월 8일, 정부의 학부 안에 한글의 규범화를 위한 국가 연구 기관인 국문 연구소를 설립했어. 한글이 국문의 위치에 올랐으니 그에 걸맞은 규범을 만들기로 한 거야.

지식인들은 국어의 확립이라는 사명감을 가지고 두루 연구하고 갖가지 책을 펴냈어. 그만큼 국어를 바로 세우려는 열망이 컸지. 국문 연구소에서는 국문 통일안을 제시한 뒤 사전을 펴내려고 했어.

그러나 한일병합으로 국문 연구소의 연구 성과는 정책으로 실현되지 못했어. 더불어 사전 편찬 사업도 이루어질 수 없었지. 우여곡절 끝에 1929년 조선어사전 편찬회가 설립되고 국문 연구소의 연구를 토대로 1933년 드디어 '한글맞춤법통일안'이 제정되었어. 그러나 주권을 빼앗긴 일제 강점기에 이런 일들이 쉽게 추진될 수가 있었겠어? 시대의 불행이 한글에 엄청난 시련을 준비하고 있었어.

천신만고 끝에 편찬한 《조선어사전》이 막 간행되려던 1942년에 조선어학회 사건이 일어난 거야. 사전 작업에 참여한 학자들은 모두 감옥에 가고, 《조선어사전》의 원고도 압수당하고 말았어. 결국 사전 편찬은 물거품이 되고 말았지.

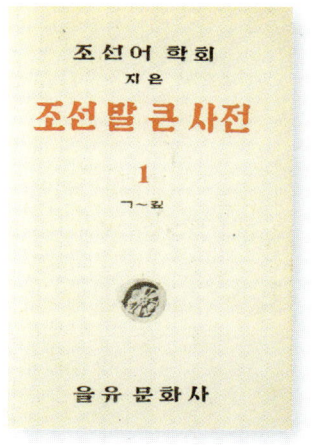

《조선말 큰사전》
많은 어려움 끝에 나온 《조선말 큰사전》이야. 우리나라 최초의 한글 사전이지. 만약 원고가 발견되지 않았다면 우리말 사전은 훨씬 더 늦게 출간됐을 거야.

《조선말 큰사전》 원고
경성역에서 발견된 원고야. 일제 강점기 조선어학회 사건 때 증거물로 빼앗겼던 것인데 재판이 고등법원으로 옮겨지면서 증거물이 먼저 서울로 발송되었어. 그때부터 원고가 서울역에 그대로 방치돼 있었던 거야.

그렇게 압수당했던 원고를 해방 뒤 경성역에서 극적으로 발견한 거야. 그 뒤 사전 편찬을 다시 시작할 수 있었지. 1947년 10월, 드디어 그 첫 권이 을유문화사에서 간행되었어. 최초의 한글 사전 탄생이었어!

이후 1957년까지 여섯 권이 차례로 간행되었어. 1, 2권의 제목은 〈조선말 큰사전〉이고 엮은이도 조선어학회였지만 3권부터는 〈큰사전〉으로 이름이 바뀌고 엮은이도 한글학회로 바뀌었어. 조선어학회가 한글학회로 바뀌었거든. 한글로 된 우리말 사전은 이런 과정을 거치며 힘겹게 태어났어.

그런데 조선어학회 사건이 뭐냐고? 간단히 말하면 1942년 10월 일제가 조선어학회 회원 및 관련 인물들에게 내란죄를 덮어씌워서 잡아 가둔 사건이야.

일제는 《조선어사전》을 펴내기 위해 모인 사람 모두가 민족주의 사상을 지녔다고 판단하고, 이들을 강제 해산하기 위한 구실을 찾기 시작했어. 이런 낌새를 알아차린 회원들은 사전 출판을 서둘러 1942년 4월에 책 일부를 대동출판사에 넘겨 인쇄하기 시작했지.

그러자 일제는 조선어학회 사건을 조작하기 위해 함흥학생사건을 꾸몄어. 함흥에 있는 영생여자고등보통학교 학생 박영옥이 기차 안에서 친구들과 태극기를 그리며 '우리나라 국기'라고 속삭이다가 경찰에게 발각되어 취조를 받게 되었는데, 그 결과 조선어학회의 사전 편찬을 맡고 있는 정태진이 학생들에게 민족의식을 심어 주었다는 사실이 드러난 거야. 붙잡힌 정태진은 조선어학회가 민족주의 단체로서 독립 운동을 목적으로 하고 있다는 억지 자백을 했어.

결국 조선어학회는 강제로 해산되었고, 핵심 인물 11명을 시작으로 이듬해까지 모두 33명이 검거되어 고문을 당했지. '치안유지법'의 내란죄로 체포된 회원들은 오래 재판을 받으며 옥에 갇혔고, 더러는 옥중에서 죽었어. 실형을 받은 사람들은 1945년 해방 후에야 풀려났어. 이렇게 시련을 겪은 조선어학회는 해방 후 다시 활동을 시작하여 1949년 9월에 '한글학회'로 새로 태어났지.

사진 자료 제공

- 국립국악원·민속박물관 〈진연병풍〉 그림 속 편경 37
- 국립중앙박물관(중박201008-317) 상평통보 당일전 43 | 김홍도 그림 〈서당〉 99
  《홍길동전》 107 | 임신서기석 148 | 《조선말 큰사전》 161
- 국사편찬위원회 최만리 상소 23
- 노정임 정보통신부 전경 79
- 도서출판 다운샘 명성 황후 편지 91
- 동국대학교 중앙도서관 《석보상절》 26
- 서울대학교규장각한국학연구원 《박통사언해》, 《첩해신어》 39
- 송영달 엘리자베스 키스 그림 〈서당 풍경〉 113
- 윤정아 한글 의자 79
- 한국은행 2006년 한글날 기념 주화 124
- 훈민정음학회 찌아찌아족 어린이 9 | 찌아찌아족 표지판 10

도서출판 책과함께는 이 책에 실은 모든 도판과 자료의 출처와 저작권자를
찾아 허락을 받기 위해 최선을 다했습니다. 허가를 받지 못한 일부 도판은
저작권자가 확인되는 대로 사용 허가를 받고 통상의 사용료를 지불하겠습니다.
사진 게재를 도와주신 모든 분들께 감사드립니다.

다 알지만 잘 모르는
11가지 한글 이야기

창제에서 현재까지 한글에 대한 모든 것

1판 1쇄 2010년 10월 9일
1판 8쇄 2022년 9월 23일

원저 | 최경봉, 시정곤, 박영준
글쓴이 | 배유안
그린이 | 정우열

펴낸이 | 류종필
편집 | 박병익
마케팅 | 이건호
경영지원 | 김유리
디자인 | 조희정

펴낸곳 | (주)도서출판 책과함께
　　　　주소 (04022) 서울시 마포구 동교로 70 소와소빌딩 2층
　　　　전화 (02) 335-1982
　　　　팩스 (02) 335-1316
　　　　전자우편 prpub@daum.net
　　　　블로그 blog.naver.com/prpub
　　　　등록 2003년 4월 3일 제2003-000392호

이 책은 최경봉, 시정곤, 박영준의 《한글에 대해 알아야 할 모든 것》(책과함께, 2008)을 원저로 하여 쓰였습니다.
이 책의 저작권은 원저자 최경봉·시정곤·박영준과 글쓴이 배유안, 도서출판 책과함께에 있습니다.
이 책의 내용을 이용하려면 저작권자와 출판사에게 모두 서면 동의를 받아야 합니다.

잘못된 책은 구입하신 서점에서 바꾸어 드립니다.

ISBN 978-89-91221-71-0 73900